भाग्य पर नहीं परिश्रम पर विश्वास करें

डॉ. रमेश पोखरियाल 'निशंक'

डायमंड बुक्स

प्रकाशक : डायमंड पॉकेट बुक्स (प्रा.) लि.
X-30 ओखला इंडस्ट्रियल एरिया, फेज-II
नई दिल्ली-110020
फोन : 011-40712200
ई-मेल : sales@dpb.in
वेबसाइट : www.diamondbook.in

BHAGYA PAR NAHI PARISHRAM PAR VISHWAS KAREN
by : Dr. Ramesh Pokhrial 'Nishank'

लेखकीय

भाग्य भरोसे क्या रहना

जीवन में सफलता हासिल करने के लिए भाग्य जरूरी है या परिश्रम? यह एक ऐसा सवाल है, जिसके जवाब पर सफलता की यात्रा निर्भर करती है। कई बार हम ऐसे सफल लोगों की तरफ देखते हैं, जिन्हें देखकर हमारे मुंह से अनायास ही निकल पड़ता है : "वह व्यक्ति कितना भाग्यशाली है। काश! मुझे भी उसकी तरह ही सफलता मिलती।"

गोस्वामी तुलसीदास ने रामचरितमानस में कर्म को भाग्य से बड़ा और एक प्रकार से ईश्वर द्वारा निर्धारित बताते हुए कहा है कि, *'कर्म प्रधान विश्व करि राखा। जो जस करई सो तस फलु चाखा।'* इस बात को सभी धर्म ग्रन्थों में प्रकारान्तर से सिद्ध किया गया है कि संसार में हर प्राणी को कर्म करना होता है तभी उसे मनोवांछित फल मिल सकता है।

कबीरदास जी कहते हैं, *'एक कर्म है बोना, उपजे बीज बहूत, एक कर्म है मूंजना, उदय न अंकुर सूत।'* कबीर की दृष्टि से देखें, तो एक कर्म निष्पादन से कई गुना अधिक फल या परिणाम प्राप्त हो सकते हैं। यह कर्म जैसा होगा वैसा ही उसका परिणाम भी।

इस सवाल का जवाब प्रसिद्ध पुस्तक 'द मोंक हू सोल्ड हिज़ फ़रारी' में भी दिया गया है। भाग्य क्या होता है? यह और कुछ नहीं, यह सिर्फ तैयारी और अवसर का मेल होता है। जैसा कि हम देखते हैं, जीवन में सफलता हासिल करने के पीछे तैयारी का अहम योगदान होता है। जो व्यक्ति पहले से तैयार होते हैं, यदि उनके पास अवसर आता है, तो वह उसका लाभ उठाने में सफल होते हैं। भाग्य अगर ऐसे आदमी का दरवाजा खटखटाए, जो अवसर का लाभ उठाने के लिए तैयार नहीं है, तो तय है कि ऐसे आदमी को असफलता का सामना करना पड़ेगा।

जीवन में सफलता प्राप्त करने के लिए शाश्वत के रूप में तीन मूलभूत बातें सदैव ध्यान में रखनी चाहिए– परिश्रम, ईमानदारी एवं विश्वास। इनके

बिना कोई भी सफलता दीर्घकालिक नहीं रह सकती है। एक सफल व्यक्ति को अपनी मंजिल तक पहुंचने के लिए इन मूलभूत गुणों को दृढ़ता से धारण करना ही होता है।

जीवन का खुशी से तथा जीविका का सफलता से सीधा रिश्ता है। वही व्यक्ति सुखी एवं सफल है, जो इनमें संतुलन बनाकर रखता है। हमारी कोशिश यह होनी चाहिए कि हम लगातार इनके सन्तुलन को हर उच्च स्तर पर कायम रखने के लिए अपने को सक्षम बनाते रहें। आलंकारिक भाषा में हम यह भी कह सकते हैं कि परिश्रम निर्माणाधीन भवन के नींव की वह पहली ईंट है, जिस पर भविष्य रूपी आकर्षक इमारत की अवधारणा टिकी है।

अगर कोई व्यक्ति केवल भाग्य पर विश्वास करता है, तो अकर्मण्य बनकर लॉटरी के टिकट खरीदता है। जुआ खेलते हुए भाग्य बदलने का इंतजार करता है और अपना सब कुछ गंवाता चला जाता है, लेकिन जो व्यक्ति कड़ी मेहनत करता है, वह विश्वास को भी अपने वश में कर लेता है।

भाग्य पर विश्वास किए बगैर व्यक्ति को कठोर परिश्रम करना चाहिए। अगर आप भाग्य पर भरोसा किए बिना कड़ी मेहनत करते हैं, तो आप भाग्य को भी घुटने टेकने पर मजबूर कर सकते हैं। आप श्रेष्ठ धावक बनना चाहते हैं। इसके लिए कड़ी मेहनत करते हुए आप दिन-रात तैयारी करते हैं। इस तरह आपकी मेहनत रंग लाती है और आप सफल धावक बन जाते हैं।

जो लोग अपने लक्ष्य को पाने के लिए कठोर परिश्रम करते हैं, जीवन उनके प्रति उदार बर्ताव करता है। जब कोई व्यक्ति सफल होने का निश्चय कर लेता है तो सारी सृष्टि उसे सफल बनाने में जुट जाती है। कठोर परिश्रम करने वालों की प्रकृति सहायता करती है और किस्मत भी ऐसे व्यक्ति को नजरअंदाज नहीं कर सकती। सफलता हासिल करने के लिए भाग्य में नहीं, परिश्रम में विश्वास करना चाहिए।

मैंने अपना जीवन एक स्कूली शिक्षक के रूप में आरंभ किया। जीवन के ऐसे अनेक अवसर आए, जब लगा कि अब आगे बढ़ना कठिन ही नहीं असंभव है, परन्तु मैंने हाथ पर हाथ रखकर बैठने के बजाय असंभव कार्यों को भी पूरा करने में जी जान लगा दी। कोई भी कार्य ऐसा नहीं रहा जो मुझे करना चाहिए था और मैंने नहीं किया। यह भी एक सत्य है कि कई बार मेरा भी परिश्रम से भरोसा डगमगाया और बहुत से अवसरों पर मैंने भी सोचा कि क्या भाग्य ही सर्वोपरि है? यदि ऐसा है तो भगवान श्रीकृष्ण ने गीता में कर्म को सर्वश्रेष्ठ और अकाट्य क्यों बताया? यदि ऐसा है तो भगवान श्रीराम ने विराट, अलंघ तथा

अपार जलराशि युक्त समुद्र को लांघने का साहस क्यों किया, जबकि उनके पास महाप्रतापी रावण की तुलना में सेना, अवसर और अस्त्र-शस्त्र भी नही थे? स्पष्ट है कि प्रत्येक महान सफलता के पीछे महान परिश्रम का ही योगदान होता है।

गोस्वामी तुलसीदास कहते हैं, *'काहु न कोहु सुख-दुःख कर दाता, निजि कृत कर्म भोग सुनु भ्राता।'* अर्थात अपने कर्म का ही सबको फल मिलता है। अपने ही कर्म से मुनष्य को सुख या दुःख मिलता है। उसके लिए कोई दूसरा उत्तरदायी नहीं होता।

जिस दिन आप पूरी दृढ़ता से यह मान लेंगे कि जीवन में सफलता प्राप्त करना और अपने प्रयासों को सफल बनाने का परिश्रम ही एक मात्र मार्ग है, उस दिन आपकी प्रगति, सुख, यश-कीर्ति और समृद्धि स्वतः ही आपके नियंत्रण में होती चली जायेगी। याद रखिए, किसी का जीवन सदा नहीं रहता। जिस पल हमारा जन्म होता है, हमारे हाथों से जीवन सरकने लगता है। यदि समय का चतुराई से उपयोग न किया जाये, तो कुछ भी नहीं बचता। समय गंवाने वालों को भाग्य भरोसे ही रहना पड़ता है। मैंने तो यही सीखा है कि यदि आप अपने दिन के 24 घंटों को 48 घंटों में बदलने की गति से काम करें, तो औरों के मुकाबले जल्दी सफल होंगे।

इस पुस्तक के लेखन की प्रक्रिया में मैंने अपनी पत्नी और परिवार के हिस्से के समय का उपयोग किया इसलिए सबसे पहले मैं अपने परिवार तथा उन सभी इष्ट मित्रों का आभार व्यक्ति करना चाहूंगा, जिनका अधिकार मेरे उस समय पर सदा रहा है। इस पुस्तक के संशोधन और प्रस्तुतिकरण में मेरे अनेक मित्रों और सहयोगियों ने रुचि दिखाई है और मैंने जहां तक हो सका, सभी के विचारों को महत्व देने का प्रयास किया है। मैं अपने इन सभी मित्रों और सहयोगियों का भी आभारी हूँ।

इस पुस्तक के माध्यम से मैं विशेषतः युवाओं को प्रेरित करना चाहता हूँ कि किसी भी परिस्थिति में बिना निराश हुए अपनी क्षमता के अनुरूप पूरी ईमानदारी से परिश्रम करें और जीवन के हर क्षेत्र में अपनी सफलताओं का मार्ग प्रशस्त करें। आपके पत्रों और प्रतिक्रियाओं की मुझे प्रतीक्षा रहेगी।

–डॉ. रमेश पोखरियाल 'निशंक'

विषय सूची

1

मेहनत से ही बदलती है किस्मत

'उद्यमेन हि सिद्धयंती कार्याणी न मनोरथैः,
न हि सुप्तस्य सिंहस्य प्रविशन्ति मुखे मृगाः'

अर्थात् प्रयास करने से ही सफलता मिलती है, केवल इच्छा करने से ही नहीं जिस प्रकार सिंह के मुख में मृग उसकी इच्छा मात्र से नहीं चला आता, उसे शिकार करना पड़ता है।

—नीतिशतक

इंसान की किस्मत किस तरह बदलती है?

शोध से अब स्पष्ट हो चुका है कि जीवन में सफलता हासिल करने के लिए जन्मजात प्रतिभा का होना आवश्यक नहीं है, तो फिर रहस्य क्या है? अनवरत अभ्यास और कठोर मेहनत से इंसान अपनी किस्मत बदल सकता है।

टाइगर वुड्स सफल खिलाड़ी कैसे बने हैं? बर्क शायर हाथवे के अध्यक्ष वारन बफेट विश्व के सबसे बड़े निवेशक किस तरह बने? आम धारणा यह रही है कि ऐसे तमाम लोग अपनी किस्मत और जन्मजात प्रतिभा के कारण सफल हो पाए हैं। वर्षों पहले बफेट एक साक्षात्कार में कह भी चुके हैं कि उनमें लोगों को अमीर बनाने की जन्मजात प्रतिभा रही है। उनके अनुसार कुछ लोगों में जन्मजात प्रतिभा होती है और कुछ लोगों में नहीं होती, लेकिन यह इतना आसान नहीं है।

किसी भी निश्चित कार्य के लिए व्यक्ति के भीतर जन्मजात दक्षता मौजूद नहीं रहती। इस मामले में बफेट के कथन को भी झुठलाया जा सकता है। कोई भी व्यक्ति जन्मजात सी.ई.ओ., निवेशक या शतरंज का महारथी नहीं होता। आप कई सालों तक लगातार मेहनत करते हुए ही किसी भी क्षेत्र में महारत हासिल

कर सकते हैं और कामयाब हो सकते हैं। कठोर मेहनत भी ऐसी वैसी नहीं, बल्कि एक विशिष्ट तरह की मेहनत, जो तकलीफदेह होती है और कठोर साधना की तरह होती है।

उदाहरण के तौर पर बफेट अपने कठोर अनुशासन के लिए जाने जाते हैं। वे संभावित निवेश लक्ष्यों का पता लगाने के लिए घंटों वित्तीय दस्तावेजों का अध्ययन करते हैं। इसका मतलब है कि अगर आपके भीतर जन्मजात प्रतिभा नहीं है, तो भी आप सफल हो सकते हैं। सफलता के लिए प्रतिभा का योगदान नाममात्र या नगण्य होता है। आप सतत प्रयत्न के जरिए स्वयं को सफल और महान लोगों की श्रेणी में ला सकते हैं।

मानव स्वभाव के विभिन्न पहलुओं को लेकर विज्ञान से जुड़े क्षेत्र में नए-नए तथ्य सामने आ रहे हैं। यह बात याद रखें कि प्रतिभा का अर्थ बुद्धिमत्ता, प्रेरणा या व्यक्तित्व की खूबियां नहीं हैं। यह एक आंतरिक गुण है जिसके जरिए किसी कार्य को अच्छी तरह किया जा सकता है। ब्रिटेन के शोध कर्ता माइकल जे होवे, जेन डबल्यू. डेविडसन और जॉन ए स्लूबोडा ने अपने शोध के निष्कर्ष में बताया है, "हम अपने अध्ययन से इस निष्कर्ष पर पहुंचे हैं कि किसी जन्म जात गुण के चलते मनुष्य किसी क्षेत्र में श्रेष्ठ प्रदर्शन नहीं करता।"

शोधकर्ता किस तरह इस विषय का अध्ययन कर रहे थे, हमें उस प्रक्रिया को समझना चाहिए। किसी भी क्षेत्र में मनुष्य शुरू-शुरू में तेजी से सीखता है, फिर उसकी रफ्तार धीमी हो जाती है और फिर वह पूरी तरह ठहर जाता है। कुछ व्यक्ति ऐसे भी होते हैं, जो कभी सीखना बंद नहीं करते और अपने क्षेत्र में दक्षता हासिल कर सफल होते हैं।

शोधकर्ताओं के सामने यह सवाल था कि क्यों कुछ लोग अनवरत सीखना जारी रखते हैं? विभिन्न क्षेत्रों में सफलता हासिल करने वालों के जीवन का विश्लेषण करने से इस सवाल का जवाब ढूंढ़ा जा सकता है।

मेहनत का कोई विकल्प नहीं

शोधकर्ता मानते हैं कि मेहनत के बिना किसी भी क्षेत्र में सफलता हासिल नहीं की जा सकती। यह ठीक है कि अगर किसी व्यक्ति को लगता है कि उसके भीतर विशिष्ट गुण पहले से मौजूद है, तो वह पहले दिन से ही उम्दा प्रदर्शन कर सकता है, मगर हकीकत में ऐसा नहीं हो पाता। अनुभव या अभ्यास के बिना उच्च-स्तर के प्रदर्शन का उदाहरण नहीं मिलता।

शोधकर्ता मानते हैं कि अत्यधिक गुणी व्यक्ति को भी किसी क्षेत्र विशेष में मुकाम हासिल करने में दस साल का वक्त लग जाता है। शोधकर्ता इसे 'दस साल का नियम' कहकर पुकारते हैं।

16 साल की उम्र में ही शतरंज के महारथी (ग्रेंड मास्टर) बन जाने वाले बॉबी फिशर के बारे में क्या ख्याल है? फिशर ने नौ सालों तक अनवरत अध्ययन और अभ्यास किया, तब जाकर उन्हें सफलता मिली। संगीत और साहित्य जैसे क्षेत्र में तो श्रेष्ठ प्रदर्शन करने के लिए बीस से लेकर तीस वर्ष तक अनवरत मेहनत करने की जरूरत पड़ सकती है।

इसका अर्थ है कि भाग्य की वजह से व्यक्ति को रातों-रात कामयाबी नहीं मिल जाती। इसके लिए कठोर मेहनत करने की जरूरत पड़ती है।

टाइगर वुड्स जब 18 महीने के थे तभी उनके पिता ने गोल्फ से उनका परिचय करवाया था। 15 वर्षों तक अनवरत अभ्यास करने के बाद वे अमेरिकी प्रतिस्पर्धा के सबसे कम उम्र के विजेता बन पाए। उन्होंने अपने प्रदर्शन में सुधार का प्रयत्न करना कभी नहीं छोड़ा।

अभ्यास के सूत्र

1. जीवन हर समय चुनौतियों से भरा होता है। अतः हमको चुनौतियों से घबराना या उनको नजरअंदाज नहीं करना चाहिए। हमें उनको सहजता एवं सजगता से स्वीकार करने की प्रवृत्ति या आदत अपने सामान्य व्यवहार में विकसित करनी चाहिए।
2. आपके द्वारा सम्पन्न कार्यों पर बहुत से लोग स्वाभाविक रूप में अपनी सकारात्मक अथवा नकारात्मक प्रतिक्रिया अवश्य देंगे। आप उनसे बहुत ज्यादा प्रफुल्लित अथवा विचलित हुए बिना, उनका गहनता से विश्लेषण करें। तद्नुसार ही अपनी कार्यशैली में आवश्यक सुधार या परिवर्तन लाएँ।
3. आपके चिन्तन-मनन में भविष्य के कार्यों की तैयारी का मन्थन निरंतर जारी रहना चाहिए। चाहे वह आपकी पढ़ाई, प्रतियोगिता, नौकरी, कंपनी, उद्योग, कारोबार अथवा पारिवारिक कार्य से सम्बन्धित हो। अपने लक्ष्य के सभी पहलुओं के बारे में विचार करें।
4. कार्य करने से पूर्व के अभ्यासों को निरन्तर करने की आदत को अपनी दैनिक दिनचर्या में अवश्य शामिल करें। याद रखें, सफलता एक निरंतर जारी रहने वाली प्रक्रिया है। अतः इसके बनाए रखने के लिए भी आपके प्रयासों में भूलवश भी शिथिलता नहीं आनी चाहिए। ■■■

2

मुझे सब है पता

ब्रह्मणावड़िवि पश्यति

अर्थात् ज्ञान से मनुष्य विनम्र हो जाता है।

–अथर्ववेद 10/8/19

क्या आप वाकई सब कुछ जानते हैं? अगर जानते हैं, तो फिर आपने नए विचार और सूचनाओं के लिए अपने दिमाग के सभी दरवाजे बंद ही कर दिए होंगे? आप अपने आपको ज्ञान-वान, बुद्धिमान और वह सब कुछ समझने लगे होंगे, जो एक ज्ञानी समझता है। इस कारण होता यह है कि आप नई वस्तुओं को जानने पहचानने के अलावा नए विचारों को अपने भीतर आने ही नहीं देते, अन्ततः होता क्या है? आपके ज्ञान, आपके अनुभव और आपकी बुद्धि को पैनापन दे सकने वाले सभी अवसर एक-एक करके आप गंवाते जाते हैं और अचानक ही आपको पता चलता है कि आपका पूरा अस्तित्व दांव पर लग गया है।

असफलता का कारण

कई बार व्यक्ति एक ही जगह पर अनेक वर्ष निकाल देता है, लेकिन उसे यथोचित पदोन्नति तक नहीं मिल पाती। वह सोचता जरूर है कि आखिर क्या कारण है कि वह आगे नहीं बढ़ पा रहा? क्या उसके प्रयत्नों में कोई कमी है? क्या वह ठीक तरीके से काम नहीं कर पाता? क्या वह अपने क्षेत्र की नई जानकारियां नहीं रखता? इतना सोचने के बाद एक ही निष्कर्ष पर पहुंचा जा सकता है कि व्यक्ति ने 'मैं पहले से ही जानता हूं' का मंत्र अपनाया हुआ है। इस कारण नई जानकारियों को अपने तक पहुंचने ही नहीं देता।

भारत के इतिहास को बदलने वाली एक घटना इसी प्रकार की है। आपने सुना ही होगा कि सम्राट पृथ्वीराज चौहान ने मोहम्मद गौरी को 17 बार बहुत बुरी तरह से पराजित किया। अनेक अवसर ऐसे आए, जब उनके सलाहकारों ने उन्हें नीति के अनुसार परामर्श दिया कि घायल सांप और अपमानित शत्रु को कभी जीवित नहीं छोड़ना चाहिए, परन्तु पृथ्वीराज चौहान को अपनी शक्ति, अपनी रणनीति और अपनी सेना पर अपार भरोसा था। उन्होंने मोहम्मद गौरी को हर बार निकल जाने दिया। बाद में जब 18वीं बार गौरी की फौजों ने हमला किया, तो परिस्थितियों, रणनीति और बहादुरी ने चौहान का साथ नहीं दिया। इसी एक पराजय के कारण भारत में एक के बाद एक मुस्लिम शासकों की सत्ता कायम होती रही और पृथ्वीराज चौहान जैसे सम्राट का पतन हुआ। यह बात और है कि उन मुस्लिम शासकों में से कई जैसे हुमायुं, अकबर, जहाँगीर तथा शाहजहाँ अलग-अलग कारणों से बेहद लोकप्रिय भी हुए, परन्तु मोहम्मद गौरी की विजय ने यह सिद्ध किया कि यदि कोई व्यक्ति हर परिस्थिति में कामयाब होने की ठान ले, तो उसे सफलता मिलकर ही रहती है। सिकंदर महान की विश्वविजय की कथाओं में भी यही रहस्य छिपा है कि खुद को कभी सर्वश्रेष्ठ और सर्वज्ञानी माने बिना, जो व्यक्ति अपने आँख-कान खुले रखकर बुद्धिमानों के परामर्श से कार्य करता है, उसे असफलता का मुँह नहीं देखना पड़ता। सिकंदर किसी भी देश पर आक्रमण करने से पहले अपने गुप्तचरों से हर प्रकार की सूचनाएं मंगवाकर उनका खुद अध्ययन करता था। सिकंदर की एक उक्ति बहुत बड़ी सीख देती है। वह कहता था, *'मुझे शत्रु क्षेत्र के बारे में उन सहस्त्र जानकारियों से लाभ नहीं होगा, जो मुझे मालूम हैं अपितु केवल एक महत्त्वपूर्ण जानकारी जो मुझे ज्ञात नहीं है, वह मेरे सैनिकों के नरसंहार का कारण बन सकती है।'*

यदि आपको भाग्य से लड़कर सफलता अर्जित करनी है, तो आपको यह हमेशा याद रखना होगा कि कोई भी ज्ञान कभी सम्पूर्ण नहीं होता। अधिक सफल वह व्यक्ति होता है जो इस पूर्णता को हासिल करने के लिए निरंतर प्रयासरत रहता है।

अहं का सवाल

यह सीधे रूप से अहं (इगो) से जुड़ा पाया गया है। व्यक्ति को लगता है कि वह इतना होशियार है कि सब कुछ जानता है। कोई युवा साथी उसे नई प्रौद्योगिकी या अन्य बातें बताने की कोशिश भी करता है, तब व्यक्ति उसे यह कह देता है कि वह सब कुछ जानता है, जबकि असल में वह नहीं जानता।

इसका असर यह होता है कि व्यक्ति ऑफिस में आत्मकेन्द्रित हो जाता है। उसके व्यक्तित्व पर इसका असर पड़ना आरंभ हो जाता है। उसके कामकाज पर भी इसका असर साफ देखने को मिलता है।

कंपनी द्वारा उसे प्रशिक्षण देने के बाद भी वह व्यक्ति अपने आप में जब बदलाव नहीं करता। तब उसे ऐसे नकारात्मक निर्णय का सामना करना पड़ता है, जिसकी उसने कल्पना भी नहीं की होती है। उस समय तक काफी देर हो गई होती है, तब व्यक्ति आत्मविश्लेषण करने बैठता है।

प्रेरणा कहीं से भी

अपने आपको सदैव नया सीखने के लिए तैयार रखें। नया सीखने के लिए जरूरी नहीं कि आप अपने क्षेत्र की जानकारी से ही अपने आपको तैयार रख सकते हैं। प्रेरणा कहीं से भी मिल सकती है। प्रेरणा अच्छी पुस्तकों, प्रेरक प्रसंगों, सफल व्यक्तियों से मिलने से लेकर मजदूरी कर अपने पूरे परिवार का भरण-पोषण करने वाले मजदूर से भी मिल सकती है।

पंचतंत्र, जातक कथाएं, बोध कथाएं, हितोपदेश और किंवदंतियों से भी हम बहुत कुछ सीख सकते हैं। भारत में ज्ञान-विज्ञान के पुरातन स्रोत माने जाने वाले वेदों, पुराणों, उपनिषदों तथा प्रसिद्ध विद्वानों द्वारा लिखित ग्रन्थों का यदि आप सरसरी तौर पर भी अध्ययन करें, तो आपको जीवन के कई पहलुओं को लेकर बहुत से नए विचार मिलेंगे। यदि आपको इतनी फुर्सत नहीं है और आप कुछ अधिक ही जल्दी में हैं, तो अपने बड़े बूढ़ों तथा समाज के वरिष्ठ नागरिकों के साथ सम्मानजनक व्यवहार करें। उनसे परामर्श लें। जीवन और परिस्थितियों के बारे में उनके अनुभव और विचार जानें। आपको भाग्य-भरोसे न रहने और मेहनत करके आगे बढ़ने की अचूक प्रेरणाएं मिलेंगी।

अपने विचारों का लेखा-जोखा रखें

कुछ नया करने के लिए कष्ट तो उठाना ही पड़ेगा। ज्यादा नहीं बस एक डायरी रखनी है। दिन-भर में जो कुछ भी नया देखें या सीखें उसे डायरी में नोट कर लें। कई बार आप अपने (जूनियर) छोटों से या सीनियर (अग्रजों) से कुछ सीख लेते हैं। हो सकता है उनसे बातचीत के दौरान कोई अच्छा शब्द मिल सकता है या फिर कोई ऐसी बात या जानकारी हो, जिसका उपयोग आप आगे कर सकते हैं। कई बार कम अनुभवी साथी भी बेहतरीन प्रस्तुति कर सकते हैं। वे आधुनिक सॉफ्टवेयर के भी जानकार होते हैं। आप उनसे यह सीख सकते हैं।

इसके अलावा रोजाना की जिंदगी में कई ऐसी घटनाएं होती हैं, जिनसे छोटी-छोटी बातें सीखी जा सकती हैं इसलिए अब से प्रतिदिन अपने आपसे यह प्रश्न जरूर करें कि 'मैं क्या नया सीख सकता हूं?'

आप कागज में ही नहीं अपने मन-मस्तिष्क में भी नित्य कुछ सकारात्मक विचार अंकित करते रहें और कोशिश करें कि वह जल्दी नहीं मिटें। आप उसे निजी जीवन में अपनी प्रमुख आदतों के रूप में उतारें। मैं आपसे कहना चाहता हूँ कि अपने मनोविचारों का भी एक लेखा-जोखा रखें। याद रखिए यह लेखा-जोखा किसी के बारे में निरर्थक प्रलाप अथवा आपके क्रोध और आक्रोश की अभिव्यक्ति नहीं होना चाहिए। उसमें केवल सकारात्मक विचारों और आप जीवन में क्या करना चाहते हैं तथा उसमें कितनी सफलता आपको मिली है। ऐसे ही उपयोगी विवरण होने चाहिए। सीधे तौर पर इसका कोई तात्कालिक उपयोग आपको नजर नहीं आएगा, परन्तु आगे चलकर आपको पता चलेगा कि उन विचारों ने आपको कितने गहरे प्रभावित किया और अन्ततः आपकी सोच तथा व्यक्तित्व को एक कामयाब अस्तित्व में बदल दिया। यह मानसिक लेखा-जोखा न केवल आपके आत्मविश्वास को प्रबल बनाएगा, अपितु आपकी बुद्धि को भी पैना करेगा।

यह भी याद रखिये कि यदि आप किसी मानसिक योजना को किसी कारणवश बदलना चाहते हैं, तो उसका कारण देते हुए अपनी अगली योजना का लेखा-जोखा उसमें जरूर लिखिए। जीवन और आयु के साथ-साथ आपका मानसिक लेखा-जोखा अपने आप ही अधिक सार्थक, व्यवहारिक और विश्वसनीय होता जाएगा। आप उसे एक तरह से अपने मानसिक भविष्य का इतिहास भी मान सकते हैं। ■■■

3

विश्वास का जादू

'विश्वास वह पक्षी है जो सूर्योदय से पहले, अंधेरी रात में ही प्रकाश का अनुभव कर लेता है और गाने लगता है।'

–गुरुदेव रवीन्द्रनाथ ठाकुर

वर्षों पहले हेनरी फोर्ड ने कहा था कि जब-जब आप सोचते हैं कि आप अमुक काम कर सकते हैं या नहीं कर सकते हैं, तो दोनों ही सूरतों में आप सही होते हैं। गहरी बात है। यदि भरोसा है कि मैं सफल हो जाऊंगा, तो आप सफल होंगे और यदि डर और संशय है कि मैं सफल नहीं होऊंगा तब आप सफल नहीं होंगे। सार यही है कि बिना आत्मविश्वास कभी कुछ हासिल नहीं होता। अब जवाब यह है कि आत्मविश्वास आए कहां से? सकारात्मक सोच कुछ हद तक फायदा करती है, पर असली भरोसा अंदर से आता है और अंदर का भरोसा आता है, अपने सामर्थ्य तैयारी और विश्वास से।

मान लीजिए कि आप जीवन की किसी बड़ी चुनौती का सामना करने जा रहे हैं - कोई परीक्षा या जीविका के लिए साक्षात्कार। योजनाबद्ध तैयारी, कठिन परिश्रम और इच्छा शक्ति ही आपके आत्मविश्वास का स्त्रोत बनेंगे। सही तैयारी के लिए क्या-क्या आवश्यक है? इसका हिसाब लगाइए और तैयारी की योजना बनाइए। अपनी योजना को कुछ-कुछ समय बाद कसौटी पर परखिए, जैसे अगले दस दिन में मुझे पिछले दस सालों के प्रश्न पत्र हल करने हैं, पन्द्रह दिन में मुझे अमुक पाठ समझ लेने हैं इत्यादि। हर जांच बिंदु के साथ एक अंतरिम लक्ष्य बना लेने से यह जानने में आसानी रहेगी कि आप सही रफ्तार से चल रहे हैं या फिर प्लान में कुछ फेरबदल चाहिए। जैसे-जैसे आपके परीक्षण बिंदु गुजरते जाएंगे, आपका अपनी तैयारी पर भरोसा अपने आप ही मजबूत होता जाएगा। आपको पता होगा कि आपने सफलता के लिए भरपूर परिश्रम किया है, तैयारी राम भरोसे नहीं छोड़ी है।

कई बार हम जब असफल होते हैं, तो अपने प्रयास को दोष न देकर अपनी क्षमता को दोष देने लगते हैं, नकारात्मक विचार यहीं से निकलते हैं, जो आत्म-विश्वास का पूरी तरह नाश कर देते हैं। ऐसी स्थिति से बचें। सही प्रयास होगा, तो आत्मविश्वास आएगा और उसी से सफलता भी मिलेगी।

आत्मविश्वास की दुनिया चमत्कारों से भरी हुई है। आपको यह जानकर आश्चर्य होगा कि संसार में अनेक प्रकार की चिकित्सा पद्धतियों में एक है, विश्वास चिकित्सा (Faith Healing)। हर देश के इतिहास में विश्वास चिकित्सा और आत्मविश्वास के बल पर चमत्कारी परिणाम अर्जित करने वालों के हजारों उदाहरण मिलते हैं।

विश्वास के बल पर अभिमन्यु ने महाभारत के युद्ध में कौरव महारथियों द्वारा तैयार सात प्रकार के चक्रव्यूह को बुरी तरह से तहस-नहस कर दिया था। यदि सभी महायोद्धाओं ने अकेले अभिमन्यु को घेरकर आक्रमण न किया होता और पांडव सेना उसकी मदद के लिए व्यूह रचना के भीतर घुसने में सफल रही होती, तो महाभारत का युद्ध उसी दिन समाप्त हो गया होता।

विश्वास के बल पर भगवान श्रीराम ने लंका पर आक्रमण से पहले समुद्र में भारी पत्थरों का तैरता हुआ सेतु तैयार कराने में सफलता प्राप्त की थी। जामवन्त ने आत्मविश्वास खो चुके और निराश बजरंगबली हनुमान को उनकी शक्तियों का स्मरण कराया और हनुमान एक ही छलांग में समुद्र पार करने की ऊर्जा से भर गए।

इसी प्रकार का एक प्रसिद्ध उदाहरण मुग़ल बादशाह बाबर का है। जब बाबर का पुत्र शहजादा हुमायूँ गम्भीर रूप से बीमार हो गया और चिकित्सकों को उसके बचने की कोई आशा नहीं रही, तो भी बाबर ने प्रयत्न नहीं छोड़ा। उन्होंने ईश्वर से यह प्रार्थना करते हुए अपने पुत्र की रोग शैय्या के चारों ओर चक्कर काटने आरम्भ किए कि मेरे पुत्र की बीमारी मुझे मिल जाए और उसे मेरा जीवन। कुछ समय बाद ही हुमायूँ एकदम स्वस्थ हो गया और बाबर की मृत्यु हो गई।

विश्वास रूपी नदी तो सबके लिए समान रूप से बहती रहती है। यदि आप उससे अपनी परिस्थितियों, क्षमता और आवश्यकता के अनुरूप जल लेने का प्रयास ही नहीं करेंगे, तो उसमें दोष किसका है। सदा याद रखिये कि आत्मविश्वास की कमी असफलता और दुर्भाग्य का आधार है। यदि आप आत्मविश्वास नहीं रखते हैं, तो एक तालाब में नहाते समय पाँव फिसलने से ही डूब सकते हैं और यदि स्वयं पर भरोसा है, तो समुद्र में जहाज डूब जाने पर भी तैरकर किनारे पहुँच सकते हैं। आत्मविश्वास का अभाव ही अन्धविश्वास को

जन्म देता है। सम्भवत: आपने सुना होगा कि संसार में अधिकांश सर्प विषरहित होते हैं और फिर भी प्रतिवर्ष हजारों लोग ऐसे सांपों के काटने से केवल भय से ही मर जाते हैं।

स्वामी विवेकानन्द ने सही ही कहा है कि नास्तिक वह नहीं है, जो ईश्वर पर विश्वास नहीं करता, बल्कि वास्तव में नास्तिक वह है, जो अपनी क्षमता और स्वयं पर विश्वास नहीं करता।

नैपोलियन बोनापार्ट के जीवन का एक अत्यंत प्रसिद्ध उदाहरण है, जब नैपोलियन एक किले में कुछ ही सैनिकों के साथ घिर गया। बच निकलने की कोई उम्मीद नहीं थी। ऐसी स्थिति में नैपोलियन अपने घोड़े पर सवार होकर अकेले ही बाहर निकल आया। किले से बाहर आकर नैपोलियन ने गरजदार आवाज में कहा, 'जवानों अपने जनरल के पीछे आओ!' आपको यह जानकर आश्चर्य होगा कि शत्रु के अधिकांश सैनिक बिना विरोध किए, नैपोलियन के साथ हो लिए।

उपरोक्त उदाहरण जीवन-मरण की परिस्थितियों में, जब बचने का कोई रास्ता न हो, विश्वास के बूते हालात को बदलने की कोशिश करने का दृष्टांत है। इससे पता चलता है कि अत्यंत निराशाजनक हालात में भी उम्मीद का दामन थामे रहने वालों को नाकामी नहीं मिलती। इसी तरह की एक कहावत भी बहुत प्रसिद्ध है, 'डूबते को तिनके का सहारा!' ज़रा सोचिए कि क्या किसी डूबते हुए व्यक्ति को कोई तिनका बचा सकता है? जवाब है, विश्वास का जादू सभी कुछ मुमकिन कर सकता है।

■■■

4

सीखने का जुनून

'परमात्मा ने तुम्हें बुद्धि दी है, ताकि तुम सीख सको और विचार कर सको। तुम्हें हाथ-पांव दिए हैं, ताकि तुम स्वयं अपने भाग्य निर्माता बन सको।'

–गुरु नानक

विख्यात विकासवेत्ता डार्विन का सिद्धांत यह कहता है कि जो सर्वश्रेष्ठ है, वही संसार में बचा रहता है। बाकी सब काल के गाल में समा जाते हैं। यह बात पहले भी सही थी और आज भी शत-प्रतिशत सही है। आज खुद को बचाए रखना निरंतर बदलते परिवेश में सीखने की आपकी क्षमता पर निर्भर करता है। सीखना एक सतत् प्रक्रिया है और जो नई-नई तकनीकी को सीखता है, नई परिस्थितियों और जरूरत के अनुसार खुद को ढाल लेता है, आज वही सफल है।

कोई भी व्यक्ति पूर्ण नहीं होता। कम-से-कम ज्ञान के मामले में तो ऐसा कहा ही जा सकता है। आप चाहें लाख शिक्षित हो जाएं, कोई भी सफलता अर्जित कर लें, सीखने की प्रक्रिया थमती नहीं है। अपने चारों ओर देखिए, ज्ञान का खजाना भरा पड़ा है। आप खुद ही समझ जाएंगे कि आपकी जानकारी कितनी कम है। कुछ नया सीखने की ऊर्जा को बनाए रखने में ही समझदारी है।

खास तौर पर विद्यार्थी जीवन में सीखने का जुनून ही आपको सफलता के शिखर पर बैठा सकता है। परीक्षा तो सामान्य पढ़ने वाले भी पास कर जाते हैं, लेकिन सर्वश्रेष्ठ वही बनता है, जिसमें पाठ्यक्रम की प्रत्येक बातों को जानने-समझने का जुनून हो। उससे भी एक कदम आगे बढ़कर यदि आपको प्रतियोगी परीक्षाओं में सफलता प्राप्त करनी है, तो अपनी सीखने की क्षमता को

और विस्तार देना होगा। आज के प्रतियोगी माहौल में सीखने का जुनून ही आपको सबसे आगे खड़ा रखने में मददगार होगा। नई चीजों को सीखने की ललक ही है, जो मानव समाज को आज इतना आगे ले आई है। यदि यह जिज्ञासा न होती, तो क्या आज समाज इस मुकाम तक पहुंचा होता। जिंदगी में उपलब्ध समस्त सुविधाएं मानव के सीखने की ललक का ही परिणाम है। यदि आगे बढ़ना और कामयाब होना है तो निरंतर सीखने को गले लगाना पड़ेगा।

लकीर का फकीर बने रहने से बात नहीं बनती। सीखने की लगन हमें यह मौका देती है कि हम खुद में निखार लाएं, चुनौती को स्वीकार करें और लक्ष्य की ओर अग्रसर हों। जीवन-भर छात्र बने रहने में ही भलाई है, तभी हम अव्वल एवं अग्रणी रहेंगे। आज कक्षा में, तो कल जीवन स्पर्द्धा में।

सीखने के लिए इन बातों पर ध्यान दें -

- निरंतर सीखने की अभिवृत्ति को अपने व्यक्तित्व का हिस्सा बनाएं।
- निरंतर सीखते रहने की प्रवृत्ति व्यक्ति को हमेशा तरोताजा एवं सकारात्मक विचारों से युक्त रखती है।
- ज्ञान केवल किताबों में ही नहीं है, हमारे चारों तरफ की दुनिया में होने वाली गतिविधियों से भी हम बहुत कुछ सीख सकते हैं। अतः उन पर पैनी निगाह रखो।
- नवीन तकनीकी को सीखें ही नहीं वरन् उसे अपने दैनिक कार्यों में भी शामिल करने का प्रयास करें।

कभी भी किसी से कुछ पूछने में हिचकें नहीं। बच निकलने की भावना सीखने की राह में बाधा बनती है और आप पिछड़ते हैं।

उदाहरण के लिए ई-मेल, और आधुनिक कंप्यूटरों का ज्ञान यदि आपको नहीं है, तो जमाने के साथ-साथ आप कदम-से-कदम मिलाकर नहीं चल सकते। आगे बढ़ना है, तो सीखें, सीखते रहें। ■■■

5

बड़ी सोच से हासिल करें सफलता

'बुद्धिमूलं तु विजयं मनुरब्रवीत्'
अर्थात मनु कहते हैं कि सफलता का मूलमंत्र बुद्धिमत्ता ही है।

—महाभारत/शांतिपर्व

एक बार प्राथमिक स्कूल की शिक्षिका ने एक बच्चे से पूछा, "यह क्या कर रहे हो?" बच्चे ने जवाब दिया, "भगवान की तस्वीर बना रहा हूं।" इस पर शिक्षिका ने कहा, "भगवान कैसा दिखता है, यह तो कोई भी नहीं जानता।" बच्चे ने जवाब दिया, "अब सब जान जाएंगे।" इसे कहते हैं बड़ी सोच। बड़ी सोच रखने वाले बिल्कुल इस बच्चे की तरह होते हैं, जो पूरे विश्वास के साथ जीते हैं और बड़ी सोच के साथ काम करते हैं। ऊंची कल्पनाओं को साक्षात् रूप देने के लिए जरूरत है विश्वास और हिम्मत की।

बड़ी सोच रखने के लिए अपने ऊपर विश्वास होना जरूरी है। ऐसा तभी होगा जब आप सकारात्मक विचारों के साथ जिएंगे और सकारात्मक तरंगों को महसूस करेंगे। ऐसे ही आप अपनी ऊंची सोच को साकार रूप दे पाएंगे।

मैंने अपने जीवन में पाया है कि जिन व्यक्तियों ने भी संसार में कोई उल्लेखनीय सफलता पाई है, सभी में एक समानता थी। वे सभी अपने विचारों को 'देख' सकते थे। बड़ी विचित्र-सी बात लगती है, परन्तु सत्य है कि कोई विचारों को देख सकता है। यदि आपको विश्वास नहीं हो, तो किसी चित्रकार की पेंटिंग को देखें, जिसमें आंधी का चित्रण हो। सोचिए, यदि हम हवा को देख नहीं सकते, तो चित्रकार ने उसका चित्र कैसे बनाया? आपने ब्रह्मा-विष्णु-महेश या अन्य देवी-देवताओं के चित्र तो देखे हैं, परंतु उन्हें बनाया कैसे गया? क्या चित्रकार ने उन्हें देखा? फिर भी हम ऐसे विचारों को महत्त्व देते हैं, क्योंकि उनकी काट किसी के पास होती ही नहीं है।

याद रखिए कि यदि आप मौलिक चिंतन करें, बड़ी सोच रखें और अपने विचारों को अपने मस्तिष्क में मूर्त-रूप में अनुभव कर सकें, तो आप अपनी कल्पनाओं को बहुत आसानी से साकार बना सकेंगे।

इन बातों का ध्यान रखिए-

- रात को सोने से पहले कम-से-कम 15 मिनट उन बातों की कल्पना कीजिए, जैसा आप चाहते हैं। फिर अपनी वर्तमान स्थिति से उसका सामंजस्य स्थापित करें।'
- अपने सामान्य कार्य करते समय एक सफल इंसान की तरह व्यवहार कीजिए। अपने उठने-बैठने, चलने-फिरने का अंदाज कुछ वैसा ही बना लीजिए। जब देखने की बात है, तो बड़े सपने देखिए। फिर उस ओर कदम भी बढ़ाइए। सपने देखने से आपके विचारों को मजबूती मिलती है।
- कुछ भी करने से पहले सफलता की कामना कीजिए। इससे आप काम करने के लिए प्रेरित होंगे। किसी काम की शुरुआत को लेकर ही जब मन में शंका हो, तो भला सफलता कैसे मिलेगी।
- यह मत सोचिए कि यह क्यों हुआ, बल्कि यह सोचिए कि इसे ठीक कैसे करना है। याद रखिए, जितनी बड़ी और आत्मविश्वास से भरी हुई आपकी सोच होगी, आप जैसे बड़े और महान सपने देखेंगे उतनी ही ऊंची और बड़ी सफलता आपको मिलेगी। बड़ा बनना है या छोटा, सब कुछ पहले आपकी सोच और फिर कर्त्तव्य बोध पर निर्भर करता है। तो फिर बड़ा सोचिए, बड़ा बनिए।

■■■

6

नकारात्मक सोच से बचें

'संशयात्मा विनश्यति'

अर्थात् निराश व्यक्ति का नाश निश्चित है, क्योंकि संशय में पड़ा व्यक्ति कर्म करना छोड़ देता है।

—श्रीमद्‌भगवद्‌गीता

सकारात्मकता अपने साथ में सफलता, संतोष और संयम लेकर आती है। व्यक्ति मूलतः सकारात्मक ही रहता है, परंतु कई बार नकारात्मक कदमों के कारण असफलता हाथ लग जाती है। असफलता का व्यक्ति पर कई तरह से असर पड़ता है। वह भावनात्मक रूप से टूटता है, वहीं इन सभी का असर उसके व्यक्तित्व पर भी लंबे समय के लिए पड़ता है।

व्यक्ति कई बार अवसाद में भी चला जाता है। ऐसी स्थिति से बाहर आने में काफी लंबा समय भी लग सकता है। नकारात्मकता से आखिर कैसे बचें? पेशेवर जगत में हमें तरह-तरह के लोगों से मिलना पड़ता है। साथ ही अपने आपको प्रतिस्पर्धा के इस युग में आगे बनाए रखने के लिए भी तरह-तरह के जतन करने पड़ते हैं। ऐसे में हम अपने आपको सकारात्मक बनाए रखने के लिए स्वयं ही प्रयत्न कर सकते हैं।

परिस्थितियों को पहचानें

संशय किसी भी व्यक्ति की उन्नति का सबसे बड़ा रोड़ा है। वस्तुतः यह आशा और निराशा के चक्र का संचालक है। आप में यदि विश्वास है, तो आपको सदा हर परिस्थिति अनुकूल लगेगी। यदि आपको स्वयं पर भरोसा नहीं है अथवा आपको अनजाने कारणों से विफल होने का डर सता रहा है, तो तय मानिए कि आप हारने वाले हैं। संशय से मन में अनहोनी के विचार आते हैं, आप निर्णय

नहीं ले पाते और फिर होता वही है जिसका डर होता है। संतों-महात्माओं ने ऐसी परिस्थितियों से निकलने का सबसे आसान और उपयोगी मार्ग बताया है– स्वयं पर भरोसा करके उचित निर्णय लेना और आवश्यक होने पर किसी विद्वान से परामर्श लेना।

जिन परिस्थितियों में नकारात्मक विचार आते हैं, उनसे सही तरीके से सामना करना सीखें। इस बात की तरफ ध्यान दें कि इन परिस्थितियों के दौरान अब आप पहले जैसी प्रतिक्रिया नहीं देंगे और इस दौरान संयमित होकर स्वयं के सफल होने की ही कामना स्वयं से करेंगे।

स्वयं से तर्क करना सीखें

नकारात्मकता का जवाब सकारात्मकता के अलावा कुछ भी नहीं हो सकता, यह बात मन में बैठा लें, इसके बाद जो भी नकारात्मक विचार मन में आए उसके साथ तर्क करना सीखें और वह भी सकारात्मकता के साथ। जिस प्रकार से नकारात्मक विचार लगातार आते रहते हैं, ठीक उसी तरह से आप सकारात्मक विचारों के लिए स्वयं को प्रेरित करें।

परिणाम आप पर निर्भर करते हैं

अगर आपने ध्यान सकारात्मकता पर केंद्रित कर लिया, तब न केवल अच्छे विचार आएंगे, बल्कि आप स्वयं के प्रति दृढ़ प्रतिज्ञ हो पाएंगे। यह स्थिति आते ही आपके कार्यों पर भी इसका सकारात्मक असर पड़ना आरंभ हो जाएगा। एक बार आपके मन में सकारात्मकता के विचार आना आरंभ हो गए, तब आप अपने आप में स्वयं ही परिवर्तन देखेंगे और यह परिवर्तन आपके साथियों को भी नजर आने लगेगा। सकारात्मकता के कारण ही कंपनियां अपने कर्मचारियों को आगे बढ़ने का मौका देती हैं।

यही नहीं, कंपनियां अब इस बात को पहले साक्षात्कार में ही जान लेती हैं कि आने वाले व्यक्ति का स्वभाव कैसा है? वह सकारात्मकता में विश्वास रखता है कि नहीं? वह नकारात्मक परिस्थितियों में किस प्रकार प्रतिक्रिया देता है? क्या वह केवल दिखावे के लिए सकारात्मकता का चोला ओढ़े हुए है? कोई भी कंपनी ऐसा कर्मचारी नहीं रखना चाहती, जिसकी नकारात्मक विचारधारा हो।

■■■

7

अनुभव का नहीं है विकल्प

'अनुभव की पाठशाला में जो पाठ सीखे जाते हैं, वे पुस्तकों और विश्वविद्यालयों में नहीं मिलते। '

—अज्ञात

युवा अपने जोश व उत्साह के साथ काम करने के लिए जाने जाते हैं। वे कोई भी काम जल्द-से-जल्द करना चाहते हैं, उनकी निर्णय क्षमता भी काफी तेज होती है। बस कमी होती है, तो केवल अनुभव की। अनुभव का कोई विकल्प नहीं। उम्र और अनुभव के समन्वय से युवा अपनी कार्यशैली में काफी अच्छी तरह से बदलाव ला सकते हैं।

एक छोटी-सी कहानी की सहायता से अनुभव और उम्र के महत्व को समझा जा सकता है। एक बार एक वृद्ध महिला अपने बूढ़े पालतू कुत्ते के साथ जंगल में घूमने गई। कुत्ता जंगल में वृद्ध महिला के साथ घूम रहा था। अचानक उसने किसी छोटे जानवर को देखा और उसके पीछे हो लिया। कुछ समय बाद उसे पता चलता है कि वह जंगल में खो गया है।

इतने में दूर से एक युवा चीते की नजर कुत्ते पर पड़ती है और वह तेजी से शिकार करने की नीयत से कुत्ते की ओर दौड़ लगाना आरंभ कर देता है। कुत्ता सोचता है कि आज तो जान गई। इतने में उसकी नजर पास पड़ी हड्डियों पर पड़ती है। वह चीते की तरफ पीठ करके हड्डियां चबाने लग जाता है। जैसे ही चीता पास आता है, तब कुत्ता जोर से चिल्लाता है कि क्या स्वादिष्ट चीता था, काश! ऐसा एक और चीता खाने का मिलता।

यह सुनते ही युवा चीता रुक जाता है और स्वयं से कहने लगता है कि आज तो जान बच गई, नहीं तो यह कुत्ता मुझे खा जाता। उन दोनों पर एक बंदर की नजर थी, जो सब कुछ देख रहा था। बंदर ने सोचा कि चलो इसका फायदा

उठाया जाए और चीते को सच बताकर उससे सुरक्षा का आश्वासन ले लिया जाये। युवा चीते ने जब असलियत जानी, तब वह गुस्से से भर गया और अपनी पीठ पर बंदर को बिठाकर पुनः कुत्ते को खाने निकला।

बूढ़े कुत्ते ने दोनों को अपनी ओर आते देखा। उसने हौसला नहीं खोया और न ही डर को अपने ऊपर हावी होने दिया। जैसे ही दोनों पास आए, उसने जोर से कहा– 'अरे कहां गया वो बंदर, मुझे बोल गया था कि खाने के लिए एक और चीते को तैयार करके लाता हूं?' यह सुनकर चीता भाग गया और उससे पहले बंदर वहां से भाग चुका था।

बूढ़े कुत्ते ने धैर्य और साहस न खोकर परिस्थिति का बड़ी ही निडरता के साथ सामना किया। वहीं युवा ताकत होने के बावजूद डर गया। बात साफ है किसी भी क्षेत्र में अनुभव का कोई विकल्प नहीं है, फिर चाहे वह इंजीनियरिंग का क्षेत्र हो, चिकित्सा का या फिर अन्य कोई क्षेत्र। अनुभवी व्यक्ति से जब भी सीखने को मिले, उसका फायदा जरूर उठाएं। विपरीत परिस्थितियों का सामना करने के लिए आपको किताबी ज्ञान नहीं, अनुभवी व्यक्ति का ही साथ काम आएगा।

जीवन के हर मोड़ पर हर दिन आपको अनेक अनुभवी व्यक्तियों से मिलने का अवसर मिलता है। सभी में कुछ-न-कुछ विशेषता होती है। परिवार के उन बड़े-बूढ़ों को देखिए, जिन्होंने जीवन में विभिन्न सफलताएं पाईं– उनके पास भी अनुभवों का खजाना होता है। इस संसार में आपसे भिन्न, जो भी व्यक्ति सम्मान और सफलता से जी रहा है, वह आपको कुछ-न-कुछ सिखा सकता है। सबसे महत्वपूर्ण बात यह है कि जब आप दूसरों के ज्ञान और अनुभव को महत्त्व देंगे, तब आप में स्वयं ही विनम्रता और अनुशासन जैसे तत्वों का विकास होने लगेगा। निश्चित जानिए ऐसे व्यक्तियों की सहायता करने वाले हर जगह मिल जाते हैं। ऐसे व्यक्तियों को जीवन की कोई भी परिस्थिति ज्यादा समय कठिनाई में रख ही नहीं सकती। अथर्ववेद (19/14/1) में कहा गया है– **'इदमुच्छ्रेयोवसानमागां शिवे मे द्यावापृथिवी अभूताम्, असपत्नाः प्रदिशो मे भवन्तु न वै त्वा द्विष्मो अभयं नो अस्तु'** –अर्थात् जिस मनुष्य का व्यवहार मधुर होता है, उसका कोई विरोध नहीं करता। जो किसी से द्वेष नहीं करता, सबको महत्व और सम्मान देता है, उसे किसी से भय नहीं होता। ऐसे मनुष्य को सभी सुख, सहयोग और अवसर स्वतः मिलते हैं।

स्पष्ट है कि दूसरों के अनुभवों को महत्व देने में और भी बहुत से लाभ हैं।

किताबों में किसी भी परिस्थिति से कैसे निपटा जाए, यह पढ़ तो लेते हैं, पर यह बात सभी को मालूम है कि किताबी ज्ञान और वास्तविकता में काफी अंतर होता है। ऐसे में विपरीत परिस्थितियों से कैसे लड़ा जाए, इस बात के लिए युवा तैयार नहीं रहते। ऐसे समय में अनुभव काम आता है।

अनुभवी व्यक्ति न केवल आपको ऐसी परिस्थितियों से लड़ने के लिए धैर्य से परिचय करवाता है, बल्कि लड़ने का माद्दा कैसा होना चाहिए, यह भी बताता है। जब भी अनुभवी व्यक्ति से ज्ञान की दो बातें सीखने को मिले उन्हें जरूर ग्रहण करें। भविष्य में यही बातें आपको बहुत काम आएंगी। ■■■

8

हाव-भाव की भाषा समझें

'मनश्चिन्मनसस्पतिः'
अर्थात् मन को जानने वाला सदा विजयी होता है।

—ऋग्वेद 9/11/8

ऋग्वेद की उपरोक्त उक्ति के विद्वानों ने बहुत से अर्थ निकाले हैं। सबसे सरल अर्थ यह है कि जो अपने और दूसरों के मन और भावनाओं को समझता है, वह सभी सफलताएं प्राप्त करता है। समझने वाली बात यह है कि जिस तरह आप दूसरों को पढ़ने में रुचि लेते हैं, उसी तरह दूसरे लोग भी आपके हाव-भावों को हमेशा पढ़ते रहते हैं।

आपके ये हाव-भाव आपके व्यक्तित्व को प्रदर्शित करते हैं। आप क्या और कैसे बोलते, चलते, पहनते और उठते-बैठते हैं, ये आपके शब्दों से ज्यादा आपके बारे में बतलाता है। आप इसे मौखिक संचार भी कह सकते हैं। इस अद्‌भुत भाषा के अपने अलग ही तौर-तरीके हैं, जो कुछ इस प्रकार हैं :—

दृष्टि-संपर्क

मौखिक संचार में अहम भूमिका आंखों की ही होती है। ऐसे लोग, जो नजरें बचाकर बातें करते हैं और बातचीत के दौरान नजरें मिलाने के बजाय सिर नीचे करके बातें करते हैं, उनमें आत्मविश्वास की कमी होती है। यही कारण है कि ऐसे लोग कभी भी अपनी बात के समर्थन में किसी प्रकार का तथ्य प्रस्तुत नहीं कर पाते और अगर कर भी देते हैं, तो लोग उन पर भरोसा करने से कतराते हैं। आपके आत्मविश्वास का प्रतीक आपकी आंखें ही होती हैं इसलिए किसी से बातचीत के दौरान नजरों को नीचे की ओर न झुकाएं, उठाकर रखें।

शरीर की मुद्राएं

किसी भी तरह की प्रभावी बातचीत में शारीरिक मुद्राओं का भी खासा महत्व होता है। आपका देखना, बैठना, खड़े होना और चलना सभी कुछ किसी–न–किसी प्रकार के संवाद को दर्शाता है। आप किसी के सामने खुद को जिस रूप में प्रदर्शित करते हैं, उससे आपके व्यक्तित्व के बारे में जानकारी मिलती है। ज्यादा अकड़ कर चलने वाले लोग जिद्दी और अपने आगे किसी को कुछ न समझने वाले माने जाते हैं। इसके उलट हमेशा झुके–झुके रहने वाले व्यक्ति में ढीलापन और आलस झलकता है।

दूरी का भी रखें ध्यान

कुछ लोग आदतन बातचीत के दौरान सामने वाले को बार–बार छूते हैं या फिर मजाक में उसकी पीठ या कंधे पर तेजी से हाथ मार देते हैं। इस तरह के क्रियाकलापों से लोग आप से कतराने लगते हैं। सामने बैठे व्यक्ति से एक नियत दूरी बनाकर रखना शिष्टाचार की श्रेणी में आता है।

चेहरे के भाव

आपके मुंह से जो शब्द निकल रहे हैं, उनका समर्थन आपका चेहरा कर रहा है या नहीं। यह भी महत्त्वपूर्ण है। चेहरा कभी झूठ नहीं बोलता इसलिए किसी से मिलने जा रहे हैं, तो मन से खुश होते हुए मिलें। इससे आपके चेहरे पर स्वयं ही खुशी का भाव नजर आने लगेगा। सदा याद रखिए–

आकृति, चेष्ठा भाव रुचि
बचन–रूप अनुमान।
नैन सैन मुखकान्ति लखि,
मन की गति पहचान।।

आकृति देखकर, भावों को परखकर रुचि को पकड़कर, वाणी की परख करके, रूप में परिवर्तन देख करके, आँखों के इशारे देखकर, अनुमान का सहारा लेकर, चतुर लोग किसी के भी मन के भावों को समझ लेते हैं।

संकेतों के प्रयोग से बचें

बातचीत के दौरान जितना हो सके संकेतों के प्रयोग से बचें। कुछ बुरा लगने पर मुंह बिचकाना, आंख मारना या किसी को संकेत से पास बुलाना, ये सब

बुरी आदतों में शामिल है। जो संकेत किसी को खुशी दें, उन्हें इस्तेमाल करना गलत नहीं है, लेकिन जिनसे किसी के मान-सम्मान को चोट पहुंचे, उनसे दूरी बनाए रखने में ही भलाई है।

समय पर ध्यान देते रहें

खुद ही बोलते रहना और सामने वाले को बोलने का मौका ही न देना, यह भी सही नहीं। बोलने की बारी आने पर यह ध्यान दें कि आपकी बातें तर्क संगत हों। कम शब्दों में पूरी बात कह जाने का जो प्रभाव पड़ता है, वह घंटों भाषण देने के बाद भी नजर नहीं आता।

पहनावा भी बोलता है

आपके पहनने-ओढ़ने का तरीका भी एक तरह का संवाद है। आप जो भी पहनते हैं या जैसे भी पहनते हैं, उससे एक विशेष संकेत मिलता है। हमेशा ऐसे कपड़े पहनें, जो आपके लिए आरामदायक हों। कपड़ों के चुनाव में खुद की राय को महत्त्व दें, लेकिन कभी-कभी किसी खास मौके पर अन्य की राय भी जान लेना चाहिए। जो भी पहनें इस भरोसे के साथ पहनें कि आप उसमें अच्छे लग रहे हैं। इससे आपका आत्मविश्वास बढ़ता है। ■■■

9

असफलता से सीखें

'सबसे बड़ा अपराध ठोकर लगने में नहीं, अपितु उसके बाद न उठने में है। विश्व में ऐसी कोई असफलता नहीं, जिसे सफलता में न बदला जा सके। महान पुरुषों ने असफलता को सफलता की सीढ़ी समझा था।'

–स्वेट मार्टेन

'यदि आप रसातल में पहुंच चुके हैं, तो भी अपने आपको सौभाग्यशाली मानें क्योंकि इसके बाद आपकी यात्रा केवल एक ही दिशा में होगी और वह है ऊपर की ओर।' स्वामी विवेकानन्द के इस वाक्य में असाधारण सच्चाई है और यह असफलताओं से घिरे व्यक्ति की इच्छा शक्ति को जगा सकता है।

असफलता एक सामान्य प्रक्रिया है और यदि असफलताओं को सकारात्मक नजरिए से देखा जाए, तो ये बेहद रचनात्मक हो सकती है। यदि आप भी असफलताओं के दौर से गुजर रहे हैं, तो ये कुछ कारगर उपाय आज़मा सकते हैं।

असफलता का स्वागत करें

कहते हैं हर बाधा के पार एक अवसर इंतजार करता है। बस आप उम्मीद का दामन थामे रहिए। असफलता के कड़वे घूंट में सृजन के तत्व समाए रहते हैं। इसलिए बहुत बार असफलता किसी महत्वपूर्ण रचनात्मक कार्य की शुरुआत बन भाग्योदय की वजह बन जाती है। यदि आप असफलताओं के दौर में हैं तो धैर्यपूर्वक अपना उत्साह पूर्ववत कायम रखें।

सोचें कुछ हटकर

हम अपनी छोटी-सी जिंदगी में ढेरों सपने संजोये रहते हैं। असफलता का दौर हमें अपने जीवन के लक्ष्यों के बारे में सोचने का मौका देता है इसलिए यह

समय काफी अनुकूल साबित हो सकता है। इस समय किसी नई तकनीक या कला का प्रशिक्षण लिया जा सकता है। ऐसी कोशिशें न केवल नकारात्मकता के भाव को कुछ कम कर सकती हैं, बल्कि कुछ नया करने का अहसास उक्त समय की पीड़ा पर मरहम का काम कर सकता है और दिलो-दिमाग को एक नए रोमांच एवं अनुभूति से भर देगा।

अच्छे वक्त का इंतजार करें

एक प्रसिद्ध विचारक ने कहा है कि महान लोग वे भी हैं, जो इंतजार करते हैं। समय की ताकत पर भरोसा कीजिए, क्योंकि बड़ी-से-बड़ी निराशा, घोर मानसिक पीड़ा या भारी असफलताओं से उपजा दुःख भी वक्त बीतने पर कम हो जाता है। वक्त हमेशा एक-सा नहीं रहता। बुरा वक्त यही दर्शाता है कि अब आपका अच्छा वक्त शुरू होने वाला है।

किसी अपने से कहें

नाजुक वक्त में अपनी तकलीफ किसी अपने के साथ बांट लीजिए। इससे आप हल्का महसूस करेंगे। कहा जाता है कि कहने से दुःख कुछ कम हो जाता है।

नई संभावनाएं तलाशें

ऐसे दौर में आप हताश न हों, बल्कि स्वयं के लिए नई संभावनाएं तलाशें। एक रास्ता बंद होता है, तो अनेक रास्ते खुल जाते हैं। याद रखें सबसे बड़ी हार स्वयं को हारा हुआ मान लेना है। अगर आपके मन में जुनून है, तो उन्नति का पथ बेहद विस्तृत एवं सीमाहीन होता है। ■■■

10

निर्णय लेने की क्षमता का विकास करें

'कर्म न्यायो ह्यकर्मण:'
अर्थात् कर्म न करने की अपेक्षा कर्म करना ही श्रेष्ठ है।

–महाभारत/भीष्मपर्व

आधुनिक युग में यह माना जाता है कि निर्णय न लेने से अधिक श्रेयस्कर सही अवसर पर तत्काल निर्णय लेना है। आज यह नहीं माना जाता कि केवल अनुभवी व्यक्तियों को ही निर्णय लेने का अधिकार है। विशेषत: कॉरपोरेट जगत में तो यह माना जाता है कि निर्णय न लेने से अच्छा है कि गलत निर्णय लेकर उसका परिणाम भी देख लिया जाये। इसके पीछे यह भावना काम करती है कि अपने प्रत्येक निर्णय से हम कुछ-न-कुछ जरूर सीखते हैं।

कई कंपनियों में विकेन्द्रीकृत कार्य संस्कृति होती है, जिसमें कर्मचारी अपने स्तर पर निर्णय लेने के लिए स्वतंत्र होते हैं। निर्णय लेने के लिए परिस्थितियों का अध्ययन और निर्धारित समय के भीतर निर्णय लेने की कला को विकसित करना होता है।

एक छोटी-सी अमरीकी कहानी, से पता चलता है कि निर्णय लेने में जरा सी चूक में आप क्या कर बैठते हैं। पति-पत्नी अपनी शादी की 40वीं सालगिरह मना रहे थे। पति ने अपनी पत्नी को खूबसूरत लॉकेट दिया, जो उसने एक पुरातन सामग्री विक्रेता (एंटिक) से लिया था। पत्नी लॉकेट पाकर बेहद खुश हुई और उसने जैसे ही लॉकेट को देखने के लिए पुरानी-सी डिबिया को खोला, तो उसमें से एक परी निकली।

परी ने दोनों से कहा कि मैं तुम दोनों के 40 वर्षों तक एक दूसरे के प्रति समर्पण व प्रेम से अभिभूत हूं और दोनों की एक-एक इच्छा पूर्ण करूंगी। पहली इच्छा पत्नी की थी। पत्नी ने कहा कि मैं अपने पति के साथ दुनिया घूमना

चाहती हूं। परी ने तत्काल उसे विश्व भ्रमण के लिए एयर टिकट और होटल की व्यवस्था वाले वाउचर आदि प्रस्तुत कर दिए।

अब इच्छा बताने की बारी पति की थी। पति सोच में पड़ गया कि क्या मांगा जाए, उसने परी से कहा कि मैं अपनी पत्नी के साथ दुनिया तो घूमना चाहता हूं, पर दिल की इच्छा यह है कि मैं युवा पत्नी के साथ घूमने जाऊं। परी ने एक बार पति को देखा और कहा कि ठीक है तुम्हारी इच्छा पूर्ण कर देती हूं। उसने पत्नी को 23 वर्ष का बना दिया।

पति खुश हुआ, पर जब दर्पण में उसने स्वयं की स्थिति देखी तो भौंचक्का रह गया। परी ने उसे 90 वर्ष का बना दिया था।

पति ने परिस्थितियों को सही तरीके से नहीं भांपा और ऐसा निर्णय लिया, जिसका न कोई औचित्य था और न ही परी को यह बात समझ में आने वाली थी। पति यह भूल गया कि परी ने पहले कहा था कि मैं तुम दोनों के 40 वर्षों के प्रेम समर्पण से अभिभूत हूं, उसने स्वयं का स्वार्थ देखा, जबकि पत्नी ने दोनों के फायदे का फैसला लिया।

श्रीमद्भगवद्गीता के तृतीय अध्याय में भगवान श्रीकृष्ण ने नाना प्रकार के कर्मों की आवश्यकता सिद्ध करने के साथ ही, यह समझाया है कि किसी भी कर्म को करने के लिये मानसिक स्तर पर सही या गलत निर्णय लेने की क्षमता होने से अधिक महत्त्वपूर्ण है। यह जानना कि अमुक निर्णय लेने या न लेने में क्या हानि है? कौन-से निर्णय आपको समस्याग्रस्त कर सकते हैं और किन कर्मों से आपकी समस्याओं का समाधान हो सकता है। उल्लेखनीय बात यह है कि गीता में तृतीय अध्याय अन्य अध्यायों के मुकाबले अधिक विस्तृत है और उसमें कर्म (निर्णय लेना भी कर्म करना ही है) को ही महत्त्व दिया गया है। इस अध्याय में भगवान श्रीकृष्ण ने कर्म करने, निर्णय लेने से लाभ और न करने से हानि पर भी बल दिया है।

संसार के सभी महान व्यक्तियों के जीवन में एक समानता होती है। वे सभी शीघ्र निर्णय लेने में माहिर थे। यदि उन्हें अपना कोई निर्णय गलत लगता था, तो वे उसे बदल भी देते थे। उद्योग, राजनीति और फिल्म की दुनिया में ऐसे उदाहरण भरे पड़े हैं, जब हर तरह का जोखिम उठा कर भी लोगों ने सही निर्णय लिये। उन निर्णयों से भले ही, उन लोगों को व्यक्तिगत लाभ नहीं हुआ हो, परंतु समाज ने ऐसे व्यक्तियों को सदा याद रखा है। सबसे महत्त्वपूर्ण बात है, समय को पहचान कर, आवश्यकतानुसार सटीक और शीघ्र निर्णय लेना।

■■■

11

आवेश प्रबंधन

'अज्ञान प्रभवो मन्युरहम्मानोपबृंहितः'
अर्थात् क्रोध अज्ञान से उत्पन्न होता है और अहंकार से बढ़ता है।
—श्रीमद्भागवत

भारतीय संस्कृति विश्व की प्राचीनतम् संस्कृतियों में गिनी जाती है। हमारे मनीषियों ने रामायण, महाभारत, श्रीमद्भगवद्गीता, श्रीमद्भागवत, मनुस्मृति, चाणक्य नीति, विदुरनीति, भर्तृहरिशतक, वेदों, पुराणों और उपनिषदों में मानवता को यह संदेश भी दिया है कि भाग्य का निर्माण केवल कठिन परिश्रम से ही नहीं होता, अपितु उन्नति के अभिलाषी प्रत्येक व्यक्ति को अपने आवेगों, भावनाओं और प्रवृत्तियों पर नियंत्रण करना आना ही चाहिए। जिस व्यक्ति के आवेग और आवेश उसके नियंत्रण में न हों, उसका पतन सुनिश्चित है।

गीता में श्रीकृष्ण कहते हैं: **'क्रोधाद् भवति सम्मोहः सम्मोहात्समृति विभ्रमः, स्मृति भ्रंशाद् बुद्धिनाशो बुद्धिनाशात्प्रणश्यति'** *अर्थात् क्रोध को वश में रखो। इससे बुद्धि ठप हो जाती है, स्मरण शक्ति भ्रमित हो जाती है और सोच-विचार की शक्ति का नाश हो जाने से मनुष्य स्वयं ही नष्ट हो जाता है।*

प्रकारांतर से यही बात ऋग्वेद में भी कही गयी है और परामर्श दिया गया है कि **'ते हेलो वरुण नमोभिः'** अर्थात् क्रोध को सदा धैर्य और नम्रता से शांत करो। यहां हम विचार करेंगे कि क्या क्रोध का इस प्रकार से प्रबंधन किया जा सकता है कि उसकी नकारात्मक ऊर्जा से जीवन में कुछ हासिल किया जा सके?

सबसे बड़ा शत्रु

वाल्मिकी रामायण के उत्तरकांड में महर्षि कहते हैं, क्रोध सभी आवेगों का सम्राट है। यह प्राण लेने वाला शत्रु है, जो मित्र सा दिखता है और किसी भी व्यक्ति के सभी गुणों का नाश पल-भर में कर देता है। यह ही बात विष्णुपुराण के प्रथम अध्याय में कही गयी है और निष्कर्ष दिया गया है कि **'मूढ़ानामेव भवति क्रोधो ज्ञानवतां कुतः'** यानी क्रोध मूर्खों को ही आता है, ज्ञानियों को नहीं।

एक पौराणिक कथा से यह मत स्पष्ट हो जाता है। ब्रह्मा, विष्णु और महेश, इन त्रिदेवों में सर्वश्रेष्ठ कौन है? यह जानने के लिए देवताओं ने महर्षि भृगु को नियुक्त किया। महर्षि सबसे पहले सृष्टिकर्ता ब्रह्मा जी के पास गये और लगे उन्हें बुरा-भला कहने। ब्रह्मा जी को क्रोध आ गया। इस पर भृगु वहां से भाग कर कैलाश पर्वत पर भगवान शिव के पास गये और जाते ही भोलेनाथ को अपशब्द कहने लगे। इससे पहले कि भगवान शिव उन्हें अपने तीसरे नेत्र की ज्वाला में भस्म करते भृगु वहां से भी भाग निकले। अंत में वह क्षीर सागर में अपनी शेष शैया पर निद्रा मग्न भगवान विष्णु के पास गये। उन्होंने विष्णु जी को उठाने का प्रयास किया। जब विष्णु जी ने नहीं सुना, तो भृगु ने उनकी छाती पर जोर से लात मारी। भगवान विष्णु की नींद खुल गयी। उन्होंने भृगु से हंस कर पूछा, 'वज्र जैसे कठोर मेरे सीने से टकरा कर आपके कोमल चरणों में पीड़ा तो नहीं हुई महर्षि?'

इस पर महर्षि भृगु भगवान विष्णु के चरणों में गिर पड़े और उन्होंने घोषणा की कि त्रिदेवों में भगवान श्री विष्णु ही सर्वश्रेष्ठ हैं। यह कथा कितनी सत्य है और कितनी असत्य, यह तो मैं नहीं जानता, परंतु इतना तय है कि हमारे प्राचीन मनीषियों ने इस कथा के माध्यम से हमें आवेगों पर नियंत्रण करने की ही प्रेरणा दी है।

क्रोध को आवेश भी कहा जाता है, क्योंकि यह कुछ समय के लिये किसी के भी विवेक को ग्रहण की तरह ढक लेता है। क्रोध आना कोई असामान्य बात नहीं है। जब भी हमें अपने कार्य में अनावश्यक बाधा या कठिनाईयों का अनुभव होता है। हमारा स्वयं पर से नियंत्रण हट-सा जाता है। जब भी हमारी इच्छानुसार कुछ नहीं होता, तो हम हताश, कुंठित तथा आक्रोशित हो ही जाते हैं। क्रोध आने के कम-से-कम बीस तरह के कारण हो सकते हैं। मनोवैज्ञानिक मानते हैं कि क्रोध पर काबू पाया जा सकता है, यदि कुछ समय के लिये व्यक्ति क्रोध के बारे में सोचना ही छोड़ दे।

क्रोध की ऊर्जा

क्रोध यदि बेकाबू न हो और आपके बस में रहे, तो आपकी शक्ति भी बन सकता है। चिकित्सकों के अनुसार जब हम क्रोध में होते हैं, तब हमारे शरीर में एड्रेनालीन नामक हारमोन बनता है, जो शरीर को बुरी परिस्थितियों का सामना करने की ऊर्जा देता है। प्रसिद्ध मनोवैज्ञानिक थामस के अनुसार, 'क्रोध हमारे शरीर की समस्त ऊर्जा को किसी भी प्रकार का कार्य करने योग्य शक्ति भी दे सकता है, बशर्ते आपका दिमाग आपके बस में हो और आप गुस्से से पगला न जाएं।'

कई अन्य शोधकर्ताओं ने पाया है कि नियंत्रित क्रोध की स्थिति में आप परिणामों से डरे या घबराए बिना अपनी भावनाएं सही तरह से व्यक्त कर सकते हैं तथा कठिन या दुष्कर लक्ष्य को भी जोखिम लेकर पूरा कर सकते हैं। क्रोध से तनाव मुक्ति भी मिलती है और कई बार हम अनुचित चीजों का प्रबल विरोध भी कर सकते हैं। आवेश में आने पर कई खेलों में हारता हुआ खिलाड़ी भी जीत जाता है। क्रोध के कारण ही संसार में अनेक देशों की जनता ने इतिहास को बदल कर रख दिया।

क्रोध पर काबू

क्रोध प्रबंधन विशेषज्ञों की राय है कि क्रोध के शिकार व्यक्ति को उन कारणों की सूची बनानी चाहिए, जिनसे उसे क्रोध आता रहा है। इन कारणों पर काबू पाने की दीर्घकालीन योजना बनाकर उस पर अमल करना चाहिए। दूसरे तरीकों में क्रोध दिलाने वाली परिस्थितियों को हंसी में लेना, टकराव टालना और अपनी अपेक्षाओं में सुधार लाना भी चाहिए। सबसे आसान तरीका है, प्राणायाम और एक गिलास ताजा पानी पीना। इससे दिमाग शांत हो जाता है। याद करिए क्या आज से पांच साल पहले की किसी घटना पर आपको क्रोध आता है? पक्की बात है, नहीं आता होगा। निष्कर्ष : क्रोध के समय को किसी भी तरह से बीतने दें।

विदुर नीति के एक श्लोक से मैं इस चर्चा को समाप्त करूंगा।

'अपकारिणी कोपेश्चेत्कोपे कोपः कथं न ते?' *अर्थात् यदि आप किसी बुरे व्यक्ति पर क्रोध करते हैं, तो क्रोध पर ही क्रोध क्यों नहीं करते? क्रोध से अधिक बुरा कौन है?*

■■■

12

क्रोध पर नियंत्रण

'क्रोध से मूढ़ता, मूढ़ता से मतिभ्रम और बुद्धिनाश तथा बुद्धि नष्ट होने से प्राणी का विनाश हो जाता है।'

–श्रीमद्भगवद्गीता

जब भी कोई हमें अपने क्रोध पर काबू रखने की सलाह देता है, तो उस वक्त हमारी सबसे पहली प्रतिक्रिया होती है कि हमें इसकी कोई जरूरत नहीं है। इसके बावजूद यह भी सच है कि हमें अपने आस-पास हर जगह सड़क, राजनीति, पास-पड़ोस, कार्यालय या अपने घर में क्रोध और गुस्से के निशान देखने को मिल ही जाते हैं।

कितनी ही बार हम इसके हानिकारक परिणामों को झेलते हैं और खुद पर अपना गुस्सा नियंत्रित नहीं रख पाने के कारण झुंझलाने लगते हैं। हमारे देश में क्रोध प्रबंधन सिद्धांत अभी शुरुआती चरण में है। इसके बावजूद कार्यस्थल पर आपका क्रोध फायदे से अधिक आपके लिए नुकसानदेह साबित न हो, इसके लिए क्रोध प्रबंधन की तकनीक जानना बेहद जरूरी है। इस अध्याय में हम क्रोध पर नियंत्रण की चर्चा करेंगे, इसके बाद क्रोध प्रबंधन पर आयेंगे।

क्रोध प्रकट करने से पहले

कार्यालय में तनाव अधिक होना, धैर्य क्षमता को कम करता है। जब आपके काम का श्रेय कोई और ले लेता है अथवा आपके काम पर प्रश्न उठाता है, तो क्रोध के लक्षण उभरने लगते हैं, लेकिन इससे पहले कि क्रोध हम पर हावी हो जाए, हमें इसका प्रबंधन करना जरूरी हो जाता है। हमें क्रोध के मूल कारण को जानने और समझने की जरूरत है। आप संबधित व्यक्ति से बातचीत कर सकते

हैं अथवा अपने वरिष्ठों के साथ बैठक या चर्चा भी कर सकते हैं। वरिष्ठों द्वारा आपके काम पर प्रश्न किए जाने की स्थिति में अपनी शंकाओं और योजनाओं को उनके समक्ष रख सकते हैं। गुस्सा जाहिर करने की जगह धैर्य, ध्यान और विश्राम का सहारा लेने का प्रयास करें। निरंतर बदला लेने के लिए तत्पर न रहें। गलती मानवीय स्वभाव है, हमेशा त्रुटिहीनता के पीछे पड़ने की जरूरत नहीं है।

जब गुस्से में हों

जब हम गुस्से में होते हैं, उस समय खुद को काबू रखना मुश्किल होता है। हालांकि, ऐसे में उस जगह से चले जाना गुस्से को कम करने में मदद करता है। सहज लंबी सांस लेना या अपना ध्यान किसी और बात पर केन्द्रित कर लेना आपकी मदद कर सकता है। किसी भी स्थिति में नुकसान का असर हमारे काम, कार्यालय, आपसी संबध या दूसरों पर नहीं पड़ना चाहिए।

विनम्रता है दवा

इस चरण में स्थिति का आकलन बिना किसी पूर्वाग्रह के करें। बेहतर होगा कि अपनी गलती होने पर आप उसके लिए क्षमा मांग लें। ■■■

13

चींटी से सीखें मेहनत करना

'पर्वत के समान हाथी की नाक में घुस कर एक छोटी-सी चींटी भी उस पर उसी तरह विजय प्राप्त कर लेती है, जैसे विराट समुद्र पर एक छोटी-सी नाव।'

–अफ्रीकी कहावत

हममें से अधिकतर लोग प्रेरणा लेने और बेहतरी के लिए नामी लोगों की ओर ही देखते हैं। हम उनकी सफलता के राज़ जानने को उत्सुक रहते हैं, लेकिन यह भूल जाते हैं कि जिंदगी के बड़े सबक हमारे आस-पास छोटी-छोटी चीजों से भी मिल सकते हैं। इस मामले में चींटियों से भी सबक लिया जा सकता है। विख्यात व्यक्तित्त्व विकास गुरु जिन रॉन ने 'एंट्स फिलॉसफी' का विकास किया है। इस पद्धति में चींटियों की उन चार खूबियों से सीख लेने की प्रेरणा दी जाती है, जिन्हें हम अपने जीवन में आत्मसात कर सकते हैं।

हार न मानना

क्या आपने कभी ध्यान दिया है कि चींटिया हमेशा राह में आने वाली मुश्किल का हल ढूंढ़ने की कोशिश करती हैं। आपको भी चींटी की तरह ही व्यवहार करते हुए, खड़े होकर देखते रहने के बजाय समस्या का हल निकालने की कोशिश करनी चाहिए। कोशिश करते रहने से चुनौतियां हल होंगी। कुल मिलाकर बात यह है कि अपने लक्ष्य को हासिल करने के लिए विकल्पों की तलाश करते रहें।

प्रतिकूल परिस्थितियों के लिए पहले से तैयारी

आपको चींटी और टिड्डे की कहानी तो याद ही होगी। गर्मियों में चींटियों को बारिश के मौसम के लिए भोजन जमा करते हुए देखा जा सकता है, जबकि

टिड्डा मौज-मस्ती में व्यस्त रहता है। मोटी-सी बात यह है कि चींटियां जानती हैं कि अच्छा समय हमेशा नहीं रहेगा, यानी जब सब कुछ व्यवस्थित चल रहा हो, तो यह न सोचें कि मुश्किल आपकी ओर नहीं आ सकती इसलिए भविष्य की ओर देखते हुए हमेशा ध्यान रखिए कि सब दिन एक जैसे नहीं होते।

बेहतर की उम्मीद

ठंड में ठिठुरते हुए भी चींटियां गर्मियों के आने का इंतजार करती रहती हैं। मौसम बदलता देखते ही वह नए काम में जुट जाती हैं। आपको भी मुश्किलों को कभी खत्म न होने वाली बात मानते हुए अच्छे का भरोसा रखना चाहिए। सकारात्मक रवैया रखना हमेशा फायदेमंद होता है। पुरानी कहावत है कि मुश्किल-भरे दिन हमेशा नहीं रहते, लेकिन हिम्मती लोग हमेशा बने रहते हैं।

हर संभव कोशिश कीजिए

सदा याद रखिये-

अगच्छन वैनतेयोऽपि पदमेकं न गच्छति।
गच्छन् पिपीलिका यान्ति योजनानि शतैरपि।

न चलने (उड़ने) पर गरुड़ एक पग भी आगे नहीं बढ़ सकता है और चलते रहने पर चींटी सैकड़ों योजन पार कर लेती है। आप जितना अधिक काम कर सकते हैं, उसकी कोशिश कीजिए। सीखने और आगे बढ़ने के लिए यह जज़्बा होना जरूरी है। चींटी यह कभी नहीं सोचती कि दूसरी चींटी कितना भोजन जमा कर रही है। अधिकतर स्थितियों में सफलता उन्हीं लोगों को मिलती है, जो काम में अपना 100 प्रतिशत देते हैं।

अगली बार अगर संभव हो, तो आप भी अपनी गुंजाइश से थोड़ा अधिक काम करके देखिए। ■■■

14

तैयारी : प्रबंधन जरूरी

'जीवन में लक्ष्य कोई भी हो, उसे बिना योजना बनाये प्राप्त नहीं किया जा सकता। लक्ष्यपूर्ति की तैयारी भी बिना कठिन परिश्रम के संभव नहीं।'

–विंस्टन चर्चिल

सफलता किसे नहीं भाती, पर कितने लोगों को यह मिल पाती है? एक व्यक्ति का सही कदम उसे सफल व्यक्तियों में शामिल कर देता है, वहीं दूसरे का गलत कदम उसकी सारी तैयारियों पर पानी फेर देता है। व्यापक रणनीति के तहत तैयारी करने वाला प्रतियोगी परीक्षाओं में सफल होता है। सही प्रत्याशी अपने समय और कार्यक्षमता का सही उपयोग कर अपनी मंजिल प्राप्त कर लेते हैं इसलिए कोई भी प्रतियोगिता परीक्षा पास करने के लिए कुछ बुनियादी बातों पर अवश्य विचार करना चाहिए। जैसे हमारे चारों तरफ का वातावरण कैसा हो या पढ़ाई के लिए कमरा कैसा हो आदि। जीवन के लक्ष्य हमेशा सामने रखें। आइए, जानें सफल होने के कुछ बुनियादी सूत्र –

स्वस्थ वातावरण में रहें

हमेशा खुश और तनावमुक्त वातावरण में रहें। आपकी मानसिकता, कार्यप्रणाली एवं व्यक्तित्व आपके स्वस्थ वातावरण के परिचायक हैं। यदि आपके चारों तरफ आपके मित्र सकारात्मक विचार वाले हों व उनके विचार साफ हों, तो उनके साथ दोस्ती करके आपका व्यवहार भी उसी तरह का होगा। नकारात्मक प्रवृत्ति वालों से बचें। दूसरों की अच्छाइयों को अपनाएं। अपने विशिष्ट व्यक्तित्व की अमिट छाप दूसरों पर छोड़ें और अपने मन पर हमेशा नियंत्रण रखें।

कमरे का माहौल शांत हो

पढ़ाई के लिए उपयुक्त माहौल होना बहुत जरूरी है। पढ़ाई का कमरा ऐसा चुनें, जहां शांति हो। कमरा हवादार हो और कमरे में पर्याप्त रोशनी का भी प्रबंध हो। पढ़ाई हमेशा पर्याप्त रोशनी में ही करें, जिससे पढ़ाई के वक्त आंखें आपका साथ दे सकें। इसके अलावा, कमरे को पूरी तरह व्यवस्थित रखें। हर सामान को अपने नियत स्थान पर रखें, जिससे ढूंढ़ने में परेशानी नहीं होगी। कमरे की दीवार पर महान व्यक्तियों की तस्वीरें लगाएं, जो आपको प्रेरणा देंगी तथा उनकी दो महत्त्वपूर्ण उक्तियों को भी दीवारों पर या अध्ययन की मेज पर चिपकाएं। यह आपको हमेशा जीवन में आगे बढ़ने के लिए प्रोत्साहित करेंगी।

श्रेष्ठ पुस्तकें पढ़ें

अच्छी किताबों का चयन ही आपकी सफलता और असफलता का सबसे बड़ा कारण है। हमेशा गुणवत्ता वाली किताबों और पत्रिकाओं का चयन करें। अपनी लाइब्रेरी बनाएं, वहां अपनी जरूरत के मुताबिक किताबें रखें। साथ ही, किसी भी प्रतियोगी परीक्षा की अच्छी तैयारी के लिए पिछले वर्षों के प्रश्न पत्रों को अच्छी तरह पढ़ लें। पूछे गए विभिन्न तरह के प्रश्नों को अलग-अलग कर एक ही प्रकार के प्रश्नों को लिख लें। बाजार में बिकने वाले सस्ती और स्तरहीन गाइडों से कभी तैयारी नहीं करनी चाहिए। पढ़ाई के साथ-साथ मनोरंजन के लिए भी कुछ किताबें खरीद लें। महान व्यक्तियों की प्रेरणादायक जीवनी पढ़कर लाभ उठाएं।

समय को पहचानें

सफलता के लिए समय का प्रबंधन बहुत जरूरी है। विद्यार्थियों को पढ़ाई के साथ-साथ दूसरे कामों के लिए भी समय निर्धारित करना चाहिए। हमेशा पढ़ाई के साथ काम की एक सूची बना लें। सबसे महत्वपूर्ण काम सबसे पहले, उसके बाद ही कोई दूसरा काम निबटाएं। इस तरह जहां आप सुचारू रूप से कार्यों को अंजाम दे सकेंगे, वहीं तनावमुक्त भी रहेंगे। हमेशा अपने लक्ष्य के बारे में सोचें। कभी भी इधर-उधर के कामों में समय और धन बर्बाद न करें। तत्काल मौज-मस्ती अच्छी तो लगती है, पर करियर न बनने पर आप जिंदगी-भर पछताते रहेंगे। गुज़रा हुआ समय कभी वापस नहीं आता, इसी कारण समय को पहचानें।

लक्ष्य ही सफलता दिलाता है

किसी भी काम के दौरान हमेशा लक्ष्य को सामने रखकर तैयारी करें, लक्ष्य में भटकाव कभी न आने दें। इसकी प्राप्ति के लिए आने वाली बाधाओं का सफलतापूर्वक सामना करें। युवा देश की धड़कन है। अतः अपने लक्ष्यों से कभी दूर न हों, कोई भी कदम बढ़ाने से पहले सोचें, विचारें। आपका हर कदम आपका भविष्य निर्धारित करता है इसलिए हमेशा सजग रहें। ■■■

15

कर्म करें

'परिश्रमी को समय और भाग्य बदलने से कौन रोक सकता है, परमात्मा ने सभी को प्रखर बुद्धि, हाथ-पैर, नेत्र, जिह्वा और जीवन दिया ही किसलिए है?'

–योगिराज लाहिड़ी जी महाराज

संसार की प्रत्येक भाषा में उपलब्ध भगवत गीता में भगवान श्रीकृष्ण कहते हैं, **'कर्मण्येवाधिकारस्ते मा फलेषु कदाचन'** अर्थात कर्म ही इस जीवन में सर्वश्रेष्ठ है। प्रत्येक व्यक्ति को बिना किसी सोच-विचार और आकांक्षा के कर्म ही करना चाहिए।

जॉन रस्किन का कथन है – ''जैसा हम सोचते हैं या जो कुछ हम सोचते हैं या जिस पर हम विश्वास रखते हैं, अंत में उसका कोई खास प्रभाव नहीं पड़ता। एक ही चीज है जिससे फ़र्क पैदा किया जा सकता है और वह है निरंतर कर्म यानी मेहनत।

सफलता का सबसे प्रभावी सूत्र है अनवरत कार्य करते रहना। ज्यादातर लोगों को पता होता है कि मेहनत करते हुए वे जीवन में मनचाही मंजिल को हासिल कर सकते हैं, मगर वे सामान्यतया मेहनत करते हुए हिचकते हैं।

जब व्यक्ति को पता होता है कि मेहनत करते हुए वह जीवन में मन चाही चीजें हासिल कर सकता है, तो फिर वह मेहनत से जी क्यों चुराता है, इसकी कुछ प्रमुख वजहें इस प्रकार हैं :

1. अकर्मण्यता
2. ढेर सारे अधूरे कार्यों का बोझ
3. असफलता का डर

ऐसे लोगों की कमी नहीं है, जो किसी कार्य को शुरू करने के बाद बीच में ही छोड़ देते हैं। वे हसरत-भरी निगाहों से ऐसे लोगों की तरफ देखते हैं, जो

सफलता हासिल कर लेते हैं। ऐसे लोग अपने आपसे सवाल पूछते हैं कि कामयाब लोगों की कामयाबी का रहस्य क्या है? कामयाबी हासिल करने के लिए वे कौन-सा रास्ता अपनाते हैं?

इस सवाल का जवाब आसान है। वे लोग लगातार कर्म करते हैं और कभी हार नहीं मानते। लोग सफलता के रहस्य को ढूंढ़ते रहते हैं और जब उन्हें आसान-सा जवाब मिलता है, तो यकीन नहीं हो पाता।

आपने भी इस जवाब को पहले कई बार सुना होगा। कामयाब बनने के लिए कर्म करते रहने की जरूरत है। अगर इस कोशिश में आपको नाकामी मिलती है तो नए सिरे से कर्म करने में जुट जाएं और कभी हौसला न छोड़ें। कामयाबी का यह सरल नियम है।

किसी भी व्यक्ति के लिए रातो-रात सफलता हासिल करना मुमकिन नहीं है, लेकिन अनवरत मेहनत करते हुए सफलता की मंजिल को जरूर हासिल किया जा सकता है। हमें सफल व्यक्तियों के बताए रास्ते पर चलने की जरूरत होती है।

जीवन में गिने-चुने लोग ही मनचाही सफलता को हासिल कर पाते हैं क्योंकि वे अपने लक्ष्य के अनुरूप ही कर्म भी करते हैं। ■■■

16

अपने पुरुषार्थ को जगाएं

'भाग्य चक्र कभी भी स्थिर नहीं रहता। सुख सदा नहीं रहता और दु:ख भी। निरंतर परिश्रम करने वाले अंतत: विजयी ही होते हैं।'

–अरस्तू

हर कोई सफल बनना चाहता है। क्या आपने कभी सोचा है कि सफलता क्या है? यह स्वयं की योग्यता के प्रति अज्ञानता है। आपने अपने प्रति एक सीमा निश्चित कर ली है और जब भी आप अपनी सीमा से बाहर जाते हैं, तो आप उसे सफलता मानते हैं। यह अज्ञानता इसलिए है क्योंकि आप अपने बारे में इतना ही जानते हैं कि आप एक सीमा तक ही कार्य कर सकते हैं। आप यह कभी नहीं कहते, 'मैंने सफलतापूर्वक एक केला खाया।' जब आप अपनी सीमा निर्धारित करते हैं, आप अपनी चेतना को सीमित करते हैं। अपनी शक्ति को सीमित करते हैं। जब आप सफल होते हैं, तो आप गर्वित अनुभव करते हैं और यदि असफल होते हैं, तो ग्लानि या तनाव में आ जाते हैं। तब आप आंनद से वंचित रह जाते हैं। जो आपमें संचित रूप से पड़ा हुआ है।

आपके द्वारा उठाए गए कदमों के परिणाम पर किसी का अधिकार नहीं है, यदि आपका ध्यान अंतिम फल पर ही हो, तो आप कर्म नहीं कर पाएंगे। एक धावक को ही लें, यदि वह देखें कि उसके पीछे कौन दौड़ रहा है और अपने रास्ते को न देखें, तो वह कभी सफल नहीं होगा। आपको अपने ही रास्ते (ट्रैक) पर दौड़ना होगा। चाहे आप हारें या जीतें। स्वीकार कर लें कि मैं हार भी जाऊंगा तो क्या? मैं फिर भी यह करना चाहता हूं। आप इसे एक खेल की तरह लें। फिर चाहे जीत हो या हार, बस आप खेलें। इस तरह से असफलता से डरे नहीं। यदि आप असफल हो जाते हैं, तो कोई बात नहीं, फिर भी कोशिश करें। जब भी कठिन समय आए, अपने पुरुषार्थ को जगाएं और चुनौतियों का सामना विश्वास

से करें। इतिहास को देखें, हमने पाया है कि दुनिया में जब भी किसी पर समस्याएं आई हैं, वह मजबूत होकर उभरा है।

यह याद रखें कि लोगों ने आपसे ज्यादा कठिन समय देखा और भोगा है। जब आप यह अनुभव करते हैं, तो आपको अपनी समस्या छोटी लगने लगती है। जो लोग बड़ी समस्याओं से जूझ रहे हैं उनकी मदद करें। जब आप 'मेरा क्या होगा?' से 'मैं आपकी कैसे मदद कर सकता हूं?' पर आते हैं तो आप अपनी समस्याओं को जीत लेते हैं।

सबसे महत्वपूर्ण, यह अनुभव करें कि आप अपने कठिन समय में अकेले नहीं हैं। आपके लिए एक अनदेखा हाथ कार्य कर रहा है। अपनी प्रार्थना शक्ति का आकलन कम न करें। प्रार्थना रोज होने वाली कोई प्रथा नहीं है, जब आप असहाय अनुभव करते हैं और ईश्वर से सहायता मांगते हैं, तब जो अनुभव होता है, वही प्रार्थना है। आप खुद को शक्तिशाली महसूस करते हैं। जब आप यह प्रार्थना करते हैं, 'मुझे इस तनाव से निकलना है और मुझे सहायता चाहिए' तब होने वाले परिवर्तन को आप तुरंत देख सकेंगे। यह संकल्प ही प्रार्थना है।

एक किसान अपना सारा अनाज एक चौड़े बर्तन में डाल कर ऊंची जगह खड़ा होकर गिराता है। सारा अनाज तो जमीन पर गिर जाता है और भूसा हवा में उड़ जाता है। यही अनाज काम में लिया जाता है या तो दूसरी जगह उगा दिया जाता है या फिर अन्य किसी काम में आ जाता है। उसी प्रकार जब आपका आत्मविश्वास हिल जाता है या मुश्किल समय में आप उसे खो देते हैं, तो आप भी उस भूसे के समान हो जाते हैं, जो अनाज से अलग हो गया है। दूसरी तरफ यदि आप अपना विश्वास और आत्मबल बनाए रखते हैं, तो सब कुछ ठीक हो जाता है।

आप बुरे समय का सामना कर रहे हैं, तो इसके बारे में हमेशा मत सोचें। आप समस्या का हिस्सा न बनें, बल्कि समाधान का हिस्सा बनें। यदि आप सफल हैं तो क्या? आप इससे ज्यादा कर सकते हैं। यदि आपने कुछ अच्छा नहीं किया, तो कोई बात नहीं, नहीं हो पाया। इस क्षण में आप इसे दोबारा करना चाहते हैं, तो एक संकल्प लें और दुबारा जुट जाएं। इस बार आप पहले से बेहतर कर पाएंगे।

जीवन जीने के दो तरीके हैं। एक सोच है, 'मैं अमुक कार्य करके खुश हो जाऊंगा।' दूसरी सोच है, 'मैं खुश ही हूं, चाहे जो हो जाए।' आप कौन-सा जीवन जीना चाहते हैं। आज निर्णय ले लें कि जो कुछ भी हो जाए, मैं स्थिर और शांत ही रहूंगा और ईश्वर की कृपा मुझ पर बनी रहे। चाहे जो कुछ हो जाए, मैं निराश

नहीं होऊंगा।' यह सोच ही काफी है आपको ऊपर उठाने के लिए। अपने मन को हर स्थिति में शांत रखें, सफलता और असफलता दोनों में ही समान रहना सच्ची सफलता है।

काज करिए उत्साह भरि आलस दूर भगाय।
नीति शक्ति दुहूँ जोग तह लछिमी अचल सहाय।।

आलस्य का त्याग करके उत्साह पूर्ण कार्य करना चाहिए, जहां नीति और श्रमशक्ति दोनों मिलकर काम करते हैं, वहां लक्ष्मी का वैभव हो जाता है अर्थात खूब धन बरसता है। ■■■

17

कैसा हो पहला प्रभाव ?

दिखावे से कोई व्यक्ति प्रभावशाली नहीं होता। विद्वान और वीरों को दिखावे से नहीं, बल्कि सही अवसर पर ही पहचाना जा सकता है। अपने आचरण से ही कोई प्रभावी बनता है।

–प्लूटार्क

किसी भी व्यक्ति पर डाला गया पहला प्रभाव दीर्घकालिक होता है। इसलिए महत्वपूर्ण लोगों के साथ कोई भी काम पहली बार करते समय सावधान रहें। ऐसा कुछ न करें, जिससे आपकी नकारात्मक छवि बने। विशेषकर इन क्षणों में सावधान रहने की जरूरत है। जब आप पहला ई-मेल भेज रहे हों। आपका भेजा पहला ई-मेल मिलने वाले व्यक्ति के मन में कोई-न-कोई प्रभाव तो डालेगा। सुनिश्चित करें कि वह सही स्वरूप में हो, भाषा सहज और स्वाभाविक हो, जो कहना चाहते हैं वह साफ हो।

जब पहला अभिवादन करें, तो जरूरी है कि नजरें मिलाते समय आप मुस्कुराएं और रवैया गर्मजोशी भरा हो। हाथ मिलाने की पहल आप करें। इससे आप सकारात्मक प्रभाव छोड़ पाएंगे।

आपका पहनावा और सलीका, सब मायने रखता है। कपड़ों का कीमती होना इतना महत्त्वपूर्ण नहीं जितना कि उन्हें ढंग से पहनना व स्वच्छ रखना है। आपके वस्त्रों, जूतों, गाड़ी और रख-रखाव से ही कोई दूसरा समझ पाता है कि आपका व्यक्तित्व कैसा है?

पहली बार किसी व्यक्ति से सकारात्मक बातचीत करते हैं, तो वह एकतरफा नहीं होनी चाहिए। न तो सिर्फ आप बोलते रहें और न सिर्फ वही बोलते रहें। दोनों के विचारों का आदान-प्रदान जरूरी है।

किसी होटल या रेस्टोरेंट के बैरे (वेटर) या कहीं किसी मजदूर या चपरासी जैसे लोगों से हम किस तरह से बात करते हैं? हमारे व्यक्तित्व के बारे में यह काफी कुछ बता सकता है। पहली बार सामूहिक चर्चा में दूसरों को सुनने की क्षमता, नजर मिलाकर बातचीत करने और साथ में अपनी बात रख पाने की क्षमता बारीकी से देखी जाएगी।

जब किसी से पहली बार फोन पर बात करते हैं, तो यह देखा जाएगा कि आप सामने वाले की बात कैसे सुनते हैं? जैसे बिना व्यवधान डाले पूरी बातचीत सुनते हैं या नहीं, पूछी गई बातों का जवाब देते हैं या नहीं, आदि।

महापुरुष कर चरित जग, बन्दि विचित्र सुहाहू।
लछिमिहिं तृनसम जान, पर नवहिं भार तेहि पाई॥

अहो! महापुरुषों का विचित्र चरित्र, संसार में वन्दनीय होता है, वे लक्ष्मी को तिनके के समान मानते हैं, लेकिन लक्ष्मी प्राप्त होने पर, उसके भार से झुक जाते हैं अर्थात विनम्र हो जाते हैं। ■■■

18

भावनात्मक बुद्धिमत्ता

'जहां सुमति तहां संपति नाना, जहां कुमति तहां बिपति निदाना'

अर्थात जहां बुद्धिमानी से कार्य लिया जाता है, वहां अनेक सुख-साधन रहते हैं और जहां कुबुद्धि होती है, वहां अनेक प्रकार की विपत्तियां रहती हैं।

–रामचरितमानस

शास्त्रों में बुद्धि के कई स्तरों का उल्लेख मिलता है। जिस व्यक्ति की बुद्धि उसके जीवन आदर्शों, लक्ष्यों तथा परिस्थितियों के अनुरूप विकसित होती जाती है, विद्वानों ने उसे ही बुद्धिमान माना है। ऐसी विकासवान बुद्धि को सुमति, सुबुद्धि और मेधा भी कहा गया है। आधुनिक व्यवहार शास्त्रियों की दृष्टि में ऐसी प्रतिभा भावनात्मक स्तर पर विवेक के सही प्रयोग से ही उत्पन्न होती है। सफलता के लिये इसी सुमति या सुबुद्धि की सबको आवश्यकता होती है। ऐसी बुद्धिमत्ता विपरीत परिस्थितियों में पड़ कर हताश, निराश या कुंठित नहीं होती। ऐसे बुद्धिमान कभी असफल नहीं होते।

कुछ समय पहले मैं एक पुस्तक पढ़ रहा था, उस पुस्तक में यह कहा गया था कि किसी भी व्यक्ति की बुद्धि को परिस्थितियां, उसकी सामर्थ्य तथा भावनाएं समान रूप से प्रभावित करती हैं। इस बारे में सबसे अधिक कार्य अमरीका में हुआ। करीब साठ साल पहले यह माना जाता था कि किसी भी व्यक्ति को कार्य के समय अपनी भावनाओं पर काबू रखना चाहिए। उसके उलट पिछली शताब्दी में ही यह स्वीकार कर लिया गया कि कार्य करते समय भी हम अपनी भावनाओं को व्यक्त करके अपनी क्षमता को निखार सकते हैं। वास्तव में यह एक महत्त्वपूर्ण तथ्य है कि सफलता पाने के लिये यह आवश्यक नहीं है कि आप कितना अधिक परिश्रम करते हैं, बल्कि यह महत्त्वपूर्ण है कि आप

स्वयं को तथा दूसरों को कैसे संभालते हैं? यही कारण है कि कामयाबी की दुनिया में प्राय: बहुत अधिक पढ़े-लिखों के मुकाबले वे लोग ज्यादा सफल हुए हैं, जिन्होंने दूसरों की बुद्धि और भावनाओं को भी अपनी सफलता की यात्रा में ईंधन की तरह इस्तेमाल करने की क्षमता का विकास किया।

ज्ञान और प्रतिभा

भावात्मक रूप से ज्यादा बुद्धिमान व्यक्ति की सोच, सामान्य लोगों से बिल्कुल भिन्न होती है। वे अपने ज्ञान का प्रयोग अपने सामान्य काम-काज में तो करते ही हैं साथ ही अपनी प्रतिभा का प्रयोग दूसरों की प्रतिभा और अनुभव का अनुमान लगाकर, उन्हें सुनियोजित रूप से अपनी लक्ष्य प्राप्ति में इस्तेमाल करना जानते हैं। प्रबंधन, प्रशासन, राजनीति तथा खेल की दुनिया में अब यह भावात्मक प्रबंध कौशल ही छाया हुआ है। सबसे बड़ी बात है कि भावात्मक स्तर पर काम करने वाले नये खिलाड़ी किसी एक परिस्थिति में असफल होने पर, उसी असफलता को अपनी जीत का ईंधन बनाने का दम भी रखते हैं।

भावात्मक बुद्धि के उपयोग

भावात्मक बुद्धिमानी के बारे में भले ही विदेशों में आज शोध अध्ययन हो रहे हैं और नये नतीजे निकाले जा रहे हैं, परंतु भारतीय संस्कृति में इस तरह के कई प्रयोग हजारों साल पहले हो चुके हैं। याद कीजिए रामायण में धनुष-यज्ञ का प्रसंग, जब सुकुमार और सुकोमल राजकुमार श्री राम भगवान शिव का धनुष खंड-खंड कर देते हैं, जिसे अनेक महाबलवान सम्राट हिला तक नहीं पाये थे। याद कीजिए जामवंत द्वारा महाबली हनुमान को उनकी शक्तियों का स्मरण कराने का प्रसंग, याद कीजिए समुद्र पार जाने के दौरान हनुमानजी द्वारा बाधाओं ओर मायावी दैत्यों पर विजय। भावात्मक बुद्धि की ऊर्जा जगाने का सबसे अद्भुत उदाहरण श्रीमद्भगवद्गीता में भगवान श्रीकृष्ण द्वारा युद्ध न करने का निर्णय ले चुके अर्जुन को कर्म के लिये तैयार करना है। एक निराश और अपने कर्तव्य से पलायन करने का मन बना चुके व्यक्ति को श्रीकृष्ण ने भावात्मक स्तर पर इतना सशक्त बना दिया कि उन्होंने महाभारत के युद्ध का नक्शा ही पलट कर रख दिया। भावात्मक बुद्धिमत्ता के प्रयोग से आप भी अपनी क्षमताओं को दुगुना-चौगुना और दसगुना कर सकते हैं।

हमारे मस्तिष्क में जितने भी नकारात्मक भाव आते हैं, भावात्मक प्रबंधन उन्हें नियंत्रण में करने का मार्ग तलाशता है। दूसरी ओर प्रसन्नता, प्रेरणा, संतोष,

सम्मान, संतुष्टि, उपलब्धि, यश और उन्नति जैसे भावों के उपयोग से किसी से भी मनचाहा कार्य, मनचाहे समय तक लिया जा सकता है। अब यह आपके ऊपर है कि आप अपनी कमियों को दूसरे सहयोगियों के गुणों के उपयोग से कैसे छिपाते हैं और किस तरह अपनी क्षमता को अधिक निखारते हैं।

■■■

19

सपने करें सच

'अपनी आंखों को सितारों पर टिकाने से पहले अपने पैर ज़मीन में गड़ा लो।'
–थियोडॉर रूजवेल्ट

हम सब जीवन में बड़े–बड़े सपने देखते हैं, लेकिन क्या कभी आपने सोचा कि उनको सच कैसे किया जाए? हमारा मानना है कि अगर कोई व्यक्ति गहराई से सोच–विचार करे और सही योजना बनाकर आगे बढ़े, तो वह निश्चित रूप से अपने किसी भी सपने को हकीकत में तब्दील कर सकता है।

सपने बिना क्या जीना

सपने किसी भी शख़्स को उम्मीद से लबालब कर देते हैं और कई बार तो जीने का बहाना और मकसद देकर जीवन को वाकई सार्थक बना देते हैं। यहां हम ऐसे पांच कदम बता रहे हैं, जिनसे आप अपनी ख़्वाहिशों को पूरा करने में कामयाब हो सकते हैं।

1. सपने व्यवहारिक हों

सपनों में जीना छोड़कर, रख यथार्थ में पांव।
आधारहीन नभ में, कहां मिलती ठंडी छांव।।

हे पक्षी! सपनों में जीना छोड़ दे और वास्तविकता में जीवन जीएँ! अरे! आधार विहीन आसमान में तुझे ठण्डी छांव कहां मिल पाएगी। उसके लिए तो धरती पर ही उतरना पड़ेगा।

अगर आपने इंजीनियरिंग की पढ़ाई की है और आप डॉक्टर बनने के सपने देख रहे हैं, तो इसे निहायत बेवकूफी की हरकत माना जाएगा। सपना ऐसा

देखिए, जो असल जिंदगी में भी पूरा हो सके, वरना आपको नाकामी के अंधेरे में घुट-घुट कर ही जीना होगा। क्या व्यवहारिक है और क्या नहीं, इसके निर्णायक आप ही हो सकते हैं।

2. सपनों को विभाजित करें

किसी भी सपने को सच करने का आसान तरीका है, उसे विभाजित करके लक्ष्य तय कर उन्हें हासिल करते जाना। चरणबद्ध तरीके से सपने साकार किए जा सकते हें। ऐसा करने से नियोजन में काफी सुविधा रहती है और आप एक दिन जरूर अपना अंतिम लक्ष्य पा सकते हैं।

3. योजना बनाएं

छोटे-छोटे अल्पकालिक गोल बनाने के बाद आप उन्हें हासिल करने के लिए योजना बनाने में जुट जाइए। हरेक कदम को सूचीबद्ध कर, उस पर सख्ती से अमल कीजिए।

4. सामयिक समीक्षा

अब तक उठाए गए हर कदम की समय-समय पर समीक्षा करते रहें। इससे पता चलता रहेगा कि आपकी योजना, आपका नियोजन कारगर हो रहा है या नहीं और ये भी कि आप राह से तो नहीं भटक रहे हैं?

5. सुधार के कदम

इसके बाद जरूरत महसूस हो, तो नियोजन में तत्काल बदलाव और सुध ार करने से न चूकें। अगर पूरी योजना भी फिर से बनानी पड़े तो हर्ज नहीं। इस प्रकार आप अपने सपने को हकीकत में बदलने में सौ प्रतिशत कामयाब रहेंगे। तो अब देर किस बात की, जुट जाइए कोई अच्छा-सा बड़ा सपना देखने में।

■■■

20

जिम्मेदारी पूर्वक कार्य करें

'जो कार्य आपके सामने है, उसे तत्काल एवं निष्कपट भाव से करना ही कर्तव्य है, यही आपके अधिकार की पूर्ति है।'

–गेटे

करियर में सफल होने के लिए यह कतई जरूरी नहीं कि आप जरूरत से ज्यादा कार्य करें अथवा अगली बड़ी नौकरी पाने के लिए हमेशा बेचैन रहें। आपकी रोज के काम की आदतें, वह कारक हैं जो लगातार किसी की खूबी और कार्यकुशलता को प्रभावित करती हैं और भविष्य में उल्लेखनीय उन्नति के रूप में सामने आती हैं, मसलन वेतन बढ़ोत्तरी और प्रतिष्ठा आदि। आइए जानते हैं ऐसी ही कुछ कार्य स्थल की अच्छी आदतों के बारे में।

टालने की प्रवृत्ति

चीजों को टालने की प्रवृत्ति अंतिम समय में बड़ी परेशानियां खड़ी कर देती है। प्रत्येक कार्य को पूरा करने की आवश्यकता होती है, पर कुछ कार्य ऐसे होते हैं, जिन्हें प्राथमिकता के साथ पूरा करना जरूरी होता है। वहीं कुछ कार्यों को आप बाद के लिए भी टाल सकते हैं, लेकिन नई चुनौतियों का सामना करने से बचने की प्रवृत्ति, असफलता का डर और योजना की कमी के कारण कार्य को टालना आपकी प्रगति को भी रोक सकता है।

जिम्मेदारी

अपने काम की पूरी जिम्मेदारी लें, फिर चाहे यह काम किसी परियेजना से सबंधित हो, कार्य अपने अधीनस्थों को सौंपने का हो या फिर किसी गलत काम को ठीक करने की जिम्मेदारी लेने से सबंधी। आपके पाले में जो चीज है,

आपको अपनी प्रतिभा उसमें दिखानी है। ऐसे में एक जिम्मेदार विभागाध्यक्ष या कार्यालय प्रमुख वरिष्ठ सहकर्मी या अधीनस्थ कर्मचारी बनने में समझदारी होती है। जिम्मेदारी का यह भाव कार्यस्थल पर स्वस्थ वातावरण बनाता है और समूह (टीम) भावना बढ़ाता है।

सक्रियता

अपने काम के साथ जुड़ने के लिए जरूरी है कि आपके काम का कोई उद्देश्य हो। यह आपकी विशेषता बढ़ाने के लिए भी जरूरी है और व्यक्तिगत विकास के लिए भी। यदि आप किसी काम को कुछ अलग तरह से करना चाहते हैं या काम की आजादी चाहते हैं, तो जरूरी है कि आप 'पर्सनल ब्रांड' के रूप में अपना विकास करें।

सीखते रहें

अपने काम के प्रति संतुष्ट रवैया हासिल करना या फिर नई चुनौतियों को स्वीकार न करने का दृष्टिकोण विकसित कर लेना बेहद आसान है। आप अपने दैनिक कार्यों को ऐसे करने में सफल हो भी जाएंगे, पर जल्दी ही काम में एकरसता आ जाएगी और आप ऊब जाएंगे। साथ ही आपके आजीविका विकास (करियर) में भी रुकावट आएगी। अपने क्षेत्र संबंधी आधुनिक रुझानों से अवगत रहें। नियमित रूप में कार्यशाला व सम्मेलनों आदि में भाग लेते रहें।

■■■

21

आपका मजबूत पक्ष क्या है?

'अपने गुण-दोषों और अपनी क्षमता का सही-सही आकलन करना ही आपका मजबूत पक्ष है।'

–स्वामी रामतीर्थ

अमूमन यह प्रश्न पूछा जाता है कि आपकी कमजोरी क्या है? अचानक पूछा गया यह प्रश्न कई बार उम्मीदवारों को असमंजस में डाल देता है। अब यदि इसके उलट प्रश्न की बात की जाए यानी मजबूत पक्ष क्या है? इस प्रश्न का उत्तर कुछ अधिक आसान होगा।

ज़ाहिर है, आप जीवनवृत्त (बायोडाटा) में अपनी शैक्षिक योग्यताओं और उपलब्धियों के बारे में लिख चुके हैं, लेकिन एक बात याद रखें नियुक्तिकर्ता इस प्रश्न के माध्यम से आपके विवरण में दिये गए तथ्यों से आगे की बात जानना चाहता है। ऐसे में यह प्रश्न आपके लिए अपनी उम्मीदवारी साबित करने के लिए अपने मजबूत पक्षों को उभारने का है।

उत्तर की प्रक्रिया

पहला अपनी व्यवसायिक योग्यता और प्रमुख दक्षताओं का स्वआकलन करें। दूसरा, जिस नौकरी के लिए आपने आवेदन किया है उसकी जरूरतों को समझें।

खूबियों का आकलन

पहला कदम स्व-विश्लेषण और अपनी खूबियों को समझने का है। अपने वर्तमान और पहले के कार्य अनुभव को ध्यान में रखते हुए अपनी महत्त्वपूर्ण उपलब्धियों की सूची बनाएं। इसमें महज पुरस्कार या आपका नेतृत्व ही शामिल नहीं है, बल्कि उन दक्षताओं को भी लिखें जिन्होंने आपको सफलता तक

पहुंचाया। नेतृत्वकर्ता के तौर पर आपकी ऐसी खूबी जो खुद को और अपने आस-पास के माहौल को लक्ष्य हासिल करने की दिशा में प्रेरित करने में सक्षम बनाती है, उसे अवश्य लिखें। समर्पित कर्मचारी, काम को सफलतापूर्वक करना, ईमानदार और मिलनसारिता आदि गुणों का आकलन करें।

नियोक्ता की पसंद

नियोक्ता द्वारा पूछे गए प्रश्नों का प्रमुख आधार नौकरी के लिए आपकी अनुरूपता को जानना है। अपनी दक्षता को समझते हुए नौकरी के अनुरूप उनका तालमेल बनाते हुए नियोक्ता के समक्ष रखें। साक्षात्कार से पहले अपनी नौकरी की भूमिका के सबंध में भी शोध अवश्य कर लें। कार्य के प्रति अपनी जिम्मेदारियों, जरूरी दक्षता, विशेषज्ञता का स्तर और भावी विकास संभावनाओं के बारे में भी जानकारी हासिल करें। साक्षात्कार के दौरान अपनी कोई भी प्रतिक्रिया नियोक्ता के अनुसार ही दें। कुछ उदाहरणों के साथ अपनी उपलब्धियां प्रस्तुत करें।

■■■

22

न छोड़ें सच और ईमानदारी का दामन

'सत्य ही ईश्वर है। सच्चाई ही हमें ईश्वर की कृपा और सर्वस्व प्रदान करती है।'

—महात्मा बुद्ध

प्रगति सभी को अच्छी लगती है। प्रगति अपने साथ समृद्धि लाती है। सम्मान लाती है, पर साथ ही मेहनत भी खूब मांगती है। कई लोग ऐसे होते हैं जिन्हें सफलता प्राप्त करने का जुनून सवार रहता है और यह जुनून सफलता प्राप्त करने के लिए किसी भी हद तक जाने को तैयार हो जाता है, फिर भले ही व्यक्ति को सत्य और ईमानदारी का दामन ही क्यों न छोड़ना पड़े।

एक बुजुर्ग राजा की कहानी है, जिसे यह चिंता सताती रहती है कि उसके बाद उसके राज्य का क्या होगा क्योंकि उसे अपने पुत्रों पर भरोसा नहीं है? ऐसे में वह अगला राजा कौन होगा, इसकी खोज के लिए एक प्रतियोगिता का आयोजन करता है। प्रतियोगिता में भाग लेने के लिए वह राज्य के युवाओं को आमंत्रित करता है।

कई युवा इसमें भाग लेते हैं और अपनी भाग्य आजमाने के लिए राजमहल में आ जाते हैं। राजा सभी को संबोधित करते हैं कि वो एक प्रतियोगिता का आयोजन करने जा रहे हैं। जिसके माध्यम से वे अगले राजा की खोज कर पाएंगे। वे सभी को पौधे का बीज देते हैं और साथ में प्रतियोगिता के नियम बताते हैं कि अगले वर्ष इसी दिन वे सभी से मिलेंगे, जो इस बीज को सबसे अच्छा खाद पानी देकर गमले में बड़ा करेगा और जिसका पौधा सबसे स्वस्थ व सुंदर दिखेगा वह सर्वश्रेष्ठ होगा।

प्रतियोगिता में भाग लेने के लिए मिहिर नामक एक लड़का भी गया था और वह भी बीज लेकर अपने घर आ गया। उसकी मां ने उसकी मदद की और

दोनों ने मिलकर गमले में मिट्‌टी डाली और बीज डाल कर पानी डाला और इंतजार करने लगे कि कब छोटा-सा पौधा नजर आए और वे उसे खाद देकर और भी बड़ा करें।

एक सप्ताह बाद भी मिहिर के गमले में पौधा नजर नहीं आया। लगभग एक महीने बाद मिहिर को चिंता होने लगी कि अब तक पौधा नजर क्यों नहीं आ रहा है? वहीं मिहिर के दोस्त रोजाना अपने पौधे के विकास के बारे में बताते रहते थे। सभी के गमलों में पौधे आ गए थे। ऐसा करते हुए छह महीने बीत गए, लेकिन मिहिर के गमले में कुछ भी नहीं नजर आया। अलबत्ता वह रोजाना पानी डालता था। उसकी मां ने उसे समझाया कि बेटा धीरज रख, हो सकता है अगले कुछ दिनों में पौधा नजर आ जाए। ऐसा करते हुए एक वर्ष बीत गया और राजा ने सभी युवाओं को अपने महल में आने का संदेशा भिजवाया। मिहिर जाने को तैयार नहीं था क्योंकि वह खाली गमला लेकर नहीं जाना चाहता था। उसकी मां ने उसे समझाया कि बेटा तुमने प्रयास किया है और वह भी ईमानदारी के साथ, फिर लज्जित होने की क्या बात है?

मिहिर ने मां की बात सुनकर महल में जाने का निश्चय किया। महल में वह क्या देखता है कि उसके दोस्त व अन्य युवा एक से बढ़कर एक पौधे लाए थे। किसी में रंग बिरंगे फूल थे तो किसी के पत्ते ही काफी आकर्षित कर रहे थे। कोई मिहिर को चिढ़ा रहा था, तो कोई कह रहा था कि भाग्य तुम्हारे साथ नहीं। राजा ने मंच से देखना आरंभ किया और उसकी नजर मिहिर पर पड़ी। उसने सैनिकों को उसे आगे लाने के लिए कहा। मिहिर डर गया। उसे लगा कि राजा उसे अब मार ही देगा।

मिहिर जैसे ही राजा के पास पहुंचा उसने कहा मैंने अपनी तरफ से मेहनत की और रोजाना पानी डालता रहा, पर...। इस पर राजा बोला राज्य का अगला राजा मिहिर होगा। दरअसल राजा ने सभी को घुने हुए ऐसे बीज दिए थे, जिनमें कभी पौधे आ ही नहीं सकते थे, पर सफलता प्राप्त करने के लिए युवाओं ने झूठ का सहारा लिया और अपनी ओर से बीज डाल दिए।

सत्य और ईमानदारी का रास्ता लंबा जरूर है, पर इसमें सुकून-भरी सफलता भी है। यह भी याद रखें कि यदि आपमें विनम्रता नहीं है, तो आपका सत्यवादी होना भी आपके काम नहीं आयेगा। विद्वानों ने सही ही कहा है कि ईमानदारी और शौर्य जैसे गुण किसी व्यक्ति में विनम्रता होने पर ही अच्छे लगते हैं, जैसे यौवन में ही स्त्रियों को आभूषण और अलंकार अधिक शोभा देते हैं। ■■■

23

कैसे करें प्रदर्शन-नियोजन

'कई बार आपकी मूर्खता और आलस्य से किसी दूसरे का भाग्य चमक जाता है।'

—चाणक्य

अपने काम के गहन विश्लेषण के जरिए तनाव को अवश्य दूर रखा जा सकता है और तनाव से मुक्ति की इस खास तकनीक का नाम है प्रदर्शन नियोजन। आपको जो काम दिया गया है, उसे आप ठीक से अंजाम दे पाएंगे या नहीं, इसे लेकर भी आप अक्सर तनाव महसूस करते हैं। प्रदर्शन के तनाव का प्रबंधन करने की तकनीक ही प्रदर्शन नियोजन (परफारमेंस प्लानिंग) कहलाती है।

जब हो दुविधा

किसी अहम प्रस्तुतिकरण या प्रदर्शन से ठीक पहले आपने पेट में अजीब-सा अनुभव जरूर किया होगा या हो सकता है कि इस मौके पर आपकी हथेलियां पसीने में तर हो गई हों, आपके दिल की धड़कन बढ़ गई हो या कंपकंपी छूट गई हो। मेरा प्रदर्शन कैसा रहेगा? यही प्रदर्शन तनाव है और ऐसे तनाव को दूर करने का आसान तरीका है प्रदर्शन नियोजन।

प्रदर्शन की योजना

प्रदर्शन की योजना तैयार करने के लिए सबसे पहले उन अहम कदमों की सूची बनाइए, जो आपको शुरू से आखिर तक उठाने हैं। इसमें शारीरिक, मानसिक और संसाधन संबंधी सभी कदमों का ज़िक्र होना चाहिए। इस कार्य को अंजाम देने के लिए जो संसाधन चाहिए, उनकी ठीक से जांच करें, फिर यात्रा संबंधी इंतजाम करके अपने सामान के साथ गंतव्य स्थल हेतु रवाना हो जाइए।

तनाव से भी मिलेगी मुक्ति

अपनी प्रस्तुति के दौरान सतर्कता से नोट कीजिए कि आपने क्या-क्या दिक्कत महसूस की। ये भी अपनी योजना में दर्ज कीजिए कि किस-किस कदम की आपको आवश्यकता ही नहीं पड़ी। ऐसे कदमों को भावी प्रदर्शन नियोजन। में शामिल करने की कोई जरूरत नहीं है।

कुल मिलाकर प्रदर्शन नियोजन आपको आखिरी वक्त पर आ सकने वाली विपदाओं से बचाता है, जो अक्सर तनाव की सबसे बड़ी वजह होती हैं। ज़ाहिर है, इससे आपकी मानसिक तैयारी भी इतनी मुकम्मल हो जाएगी कि किसी भी संकटकाल में आपके हाथ-पांव फूलने की नौबत ही नहीं आएगी। मतलब ये कि जब तनाव की वजह ही नहीं बचेगी तो तनाव होगा ही क्यों? ■■■

24

जीवन का करें प्रबंधन

'आप अपने वर्तमान की चिंता और उसके लिए ही परिश्रम करें, आपका जीवन और भविष्य खुद सुधर जायेगा।'

–मैक्सिम गोर्की

क्या आप अपने जीवन के मकसद को हासिल करना चाहते हैं? वैसी स्थिति में आपको जीवन का प्रबंधन (लाइफ मैनेजमेंट) का सहारा लेना चाहिए। अगर आप सही तरीके से जीवन प्रबंधन करेंगे, तो निजी जिंदगी के तमाम पहलुओं की तरफ बढ़ते हुए आत्म-विकास कर पाएंगे। अगर ठीक से जीवन प्रबंधन नहीं किया जाता, तो किसी एक पहलू की तरफ जरूरत से ज्यादा ध्यान दिया जाता है, वहीं दूसरे कई अहम पहलुओं की उपेक्षा की जाती है।

उदाहरण के तौर पर व्यायाम को ही ले लीजिए। एक बार आप व्यायाम करना छोड़ देंगे, तो छह महीने गुजर जाने के बाद आपको आश्चर्य महसूस होगा कि बगैर व्यायाम किए ही कितना वक्त गुजर गया। इसी तरह किताब पढ़ने की आदत का उल्लेख किया जा सकता है। कभी-कभी महीनों गुजर जाते हैं और किसी किताब को आप पूरी तरह पढ़ नहीं पाते।

हम इस समस्या से कैसे उबर सकते हैं, हम जीवन का बेहतर तरीके से प्रबंधन कैसे कर सकते हैं? एक विद्वान का कथन है– 'जिस चीज को मापा जा सकता है, उसका प्रबंधन भी किया जा सकता है।'

यह कथन हालांकि मूल रूप से कंपनियों के संदर्भ में कहा गया है, लेकिन यह व्यक्तियों पर भी समान रूप से लागू होता है। अगर आप जिंदगी में किसी चीज का प्रबंधन करना चाहते हैं, तो सबसे पहले आप उस चीज को माप लीजिए।

कार्यों को मापना क्यों जरूरी है

जिस चीज को मापा जा सकता है उसका प्रबंधन भी किया जा सकता है। इसके कई कारण हैं–

1. जब आप किसी चीज़ को मापते हैं, तो अपने आप उस चीज़ की तरफ आपकी एकाग्रता बढ़ जाती है। यह पहला फायदा है, जो किसी चीज को मापने से आपको मिलता है। अगर किसी चीज़ के प्रति आप एकाग्र नहीं हो सकते, तो फिर उसे माप कैसे सकते हैं? किसी चीज़ को माप कर उसके प्रति आप अपनी एकाग्रता को केंद्रित कर लेते हैं।
2. जब आप किसी चीज़ को मापते हैं, तब आपको अपनी मौजूदा स्थिति का अहसास होता है। कई बार तथ्यों को जाने बगैर हमें किसी समस्या की गंभीरता के बारे में पता नहीं चल पाता। यही वजह है कि किसी चीज को मापना महत्त्वपूर्ण हो जाता है, इस तरह आपको अपनी मौजूदा स्थिति का अहसास हो जाता है।

   उदाहरण के तौर पर व्यक्तिगत वित्त मामले को देखें आपको लगता है कि आप बुद्धिमानी के साथ आर्थिक फैसले लेते हैं, लेकिन जब आप अपने आय और व्यय के ब्यौरे को गौर से देखते हैं, तो आपको अपने फैसलों पर संदेह होने लगता है। ऐसा महसूस होने पर आप वित्तीय निर्णयों में बदलाव का संकल्प लेते हैं।
3. जब आप किसी चीज को मापते हैं, तो आपकी नजर अपनी उन्नति पर होती है।

मापने से जहां आपको मौजूदा स्थिति का पता चलता है, वहीं आपकी नजर अपनी उन्नति पर टिक जाती है। आपको अहसास होने लगता है कि अब तक आपने जो निर्णय लिए वे सही थे या नहीं, साथ ही कहां आपने चूक की है। अब तक के हालात की पड़ताल करने के बाद आप आगे बढ़ने के लिए प्रेरित होते हैं।

अपने जीवन को कैसे मापें

हमने उन कारणों को समझा कि कैसे जिस चीज़ को मापा जा सकता है उसका प्रबंधन भी किया जा सकता है। अब सवाल पैदा होता है कि हम जीवन को किस तरह माप सकते हैं? प्रस्तुत है जीवन मापने के कुछ सरल तरीके:

1. इसे संतुलित बनाएं

अगर आप अपने जीवन में संतुलन कायम करना चाहते हैं, तो इसके पहलुओं को संतुलित करने का प्रयास करें। शारीरिक, आध्यात्मिक, सामाजिक और आर्थिक पक्षों में संतुलन कायम कर जीवन को भी संतुलित बनाया जा सकता है। इन चारों पहलुओं को मापते हुए आप इस बात की तसल्ली कर सकते हैं कि इन जरूरी पहलुओं के जरिए आपके जीवन का उचित प्रबंधन हो रहा है।

2. इसे सहज बनाएं

बड़ी कंपनियां जटिल तरीके अपना कर मापने का काम करती हैं, मगर किसी व्यक्ति के लिए जटिल तरीके अपनाना संभव नहीं हो सकता है इसलिए जीवन को मापने की प्रक्रिया को सहज बनाएं। अगर प्रक्रिया सहज होगी तो लंबे समय तक आप इससे जुड़े रह पाएंगे।

3. सजगता के साथ चुनें

सजगता के साथ आपको चुनना होगा कि किस चीज को आप मापेंगे, नहीं तो गलत चीजों को मापने में आपकी ऊर्जा नष्ट हो जाएगी। समृद्धि के चार पहलुओं शारीरिक, आध्यात्मिक, सामाजिक और आर्थिक को मापना सही निर्णय हो सकता है। आपको यह भी तय करना होगा कि अलग-अलग समृद्धि को मापने के लिए आपका पैमाना क्या हो सकता है? सही पैमाने का चुनाव आसान नहीं है और इसके लिए सतत् प्रयोग करने की आवश्यकता है। पहले शुरुआत करें और फिर अपने तरीके को संशोधित करते रहें।

4. सजगतापूर्वक मापने का कौशल सोचें।

जब आपने तय कर लिया कि किस चीज को मापना है, तो उसके बाद सजगता पूर्वक मापने के कौशल के बारे में सोचें। जीवन में लक्ष्यों और कार्यों को मापने के तीन तरीके इस प्रकार हैं:

♦ आदतों की तालिका

ऐसे कार्यों की तालिका बनाएं, जो आप नियमित रूप से करना चाहते हैं- दैनिक, साप्ताहिक या अन्य अंतराल के बाद। फिर जब आप वह कार्य पूरा करें तो उस कार्य के सामने तालिका में निशान लगाएं।

बेशक, आपको अपने कार्य के बारे में स्पष्ट और निश्चित ब्यौरा तालिका में दर्ज करना होगा। उदाहरण के लिए आप सवेरे 6 बजे उठने की आदत डालना

चाहते हैं। जब भी आप सुबह 6 बजे नींद से उठ जाएं, तो अपनी तालिका में इस लक्ष्य के सामने निशान लगाएं।

♦ लक्ष्यों की समय सीमा

ऐसे लक्ष्यों की एक सूची बनाएं, जिन्हें आप निश्चित समय सीमा के अंदर हासिल करना चाहते हैं। समय सीमा बीत जाने पर यह भी लिखें कि क्या आपने लक्ष्य को पा लिया या नहीं पा सके। अब तक लक्ष्य की दिशा में हुई प्रगति का विवरण भी लिखें। उदाहरण के तौर पर अगर आपका लक्ष्य एक महीने में चार पुस्तकों का अध्ययन करना है, तो सूची में समय सीमा बीत जाने पर दर्ज करें कि वास्तव में महीने-भर में आपने कितनी पुस्तकों का अध्ययन किया।

♦ कार्यकलाप विवरण

एक निश्चित अवधि तक अपने कार्यकलाप का लेखा-जोखा तैयार करें। उदाहरण के तौर पर आप अपनी आमदनी और खर्चों का ब्यौरा लिखकर अपनी वास्तविक वित्तीय स्थिति का पता लगा सकते हैं। उसी के आधार पर आप एक बजट बनाकर अपने आर्थिक लक्ष्यों की तरफ कदम बढ़ा सकते हैं।

♦ प्रयोगधर्मी बनें

जीवन को मापने की प्रक्रिया समय के साथ-साथ बेहतर बनाई जा सकती हैं इसलिए जरूरी है कि प्रयोग धर्मी बने रहें। अपने आकलन के प्रभाव को देखें और जहां सुधार की जरूरत हो वहां सुधार करें। ■■■

25

कार्य दक्षता के लिए उपयोगी बिंदु

'आहारप्रभवाः प्राणः'

अर्थात् भोजन से ही प्राणों की रक्षा होती है। आहार ही कार्य करने का बल देता है।

–महाभारत / वनपर्व

परिश्रम और बेहतर कार्य करने के लिए केवल प्रयास ही पर्याप्त नहीं होते। यहां कार्य दक्षता बढ़ाने वाले बिंदुओं की हम संक्षिप्त में चर्चा करेंगे।

1. स्वस्थ आहार को विशेष रूप से अहमियत दें

स्वस्थ आहार के आधार पर ही आपका शरीर संतुलित बना रहता है, सेहत बनी रहती है और मांसपेशी, त्वचा, बाल, नाखून आदि अंग स्वस्थ बने रहते हैं।

2. नाश्ता करना कभी न भूलें

सुबह की शुरुआत पौष्टिक एवं संतुलित नाश्ते के साथ करें ताकि दोपहर के आहार से पहले तक आपके भीतर ऊर्जा बनी रह सके।

3. पानी पर्याप्त मात्रा में पिएं

अगर आप दूसरे प्रकार के पेय पदार्थों के शौकीन हैं, तो उन्हें छोड़कर अधिक-से-अधिक पानी का सेवन करना शुरू कर दें। पर्याप्त मात्रा में पानी पीने से पाचन तंत्र ठीक रहता है, चर्बी कम होती है। अन्य पेय पदार्थों की तरह पानी शरीर को नुकसान भी नहीं पहुंचाता।

4. आहार का विवेक जरूरी है

इस बात का विश्लेषण करें कि आप किस तरह की चीजें खाते रहे हैं, अपने लिए केवल पौष्टिक आहार का चयन करें और डिब्बाबंद खाद्यों (जंक फूड) से तौबा कर लें।

5. आसानी से पचने लायक आहार ग्रहण करें

वसा एवं तेलयुक्त आहार को छोड़ दें। ऐसे आहार की वजह से सेहत को नुकसान ही होता है। फल को अपने भोजन में अधिक स्थान दें। वजन कम करने के लिए संतुलित आहार आवश्यक होता है। दवा की मदद से वजन घटाने की कोशिश करने पर सेहत को नुकसान पहुंचता है।

6. भावनात्मक रूप से आहार न करें

कई लोग भावानात्मक रूप से परेशान होने पर जरूरत से ज्यादा भोजन करते हैं और इस तरह अपनी सेहत के साथ खिलवाड़ करते हैं। जब भी आपके सामने कोई समस्या आए, तो डटकर उसका मुकाबला करें।

7. व्यायाम को मनोरंजन समझें

ऐसा न समझें कि व्यायाम करना अब मेरा काम है, व्यायाम को जीवन शैली बना लें और इसे मनोरंजन समझकर नियमित रूप से जारी रखें। व्यायाम के जरिए आपको लाभ मिलता है।

8. अच्छे मूड के साथ दिन की शुरुआत करें

प्रत्येक सुबह कुछ ऐसा करें कि आपके दिमाग में सकारात्मक विचार आएं। संगीत सुनें, प्रेरक साहित्य पढ़ें, प्रियजनों से फोन पर बातचीत करें। दिन की शुरुआत काफी अहमियत रखती है। जब आप अच्छे मूड में रहेंगे, तो कठिन समस्याओं का सामना भी असरदार तरीके से कर पाएंगे।

9. दिनचर्या के सामने आत्मसमर्पण न करें

हर सुबह जागने के बाद निश्चय करें कि आज आप कुछ खास काम करेंगे। अपने आपको दिनचर्या का गुलाम न बनाएं। नए विचारों का स्वागत करें और मौलिक कार्य करें।

10. दुविधा से बाहर निकले

अपने लक्ष्य स्पष्ट रूप से निर्धारित करें और उन लक्ष्यों को हासिल करने की ठोस योजना बनाएं।

11. अल्पकालीन लक्ष्यों पर ध्यान केन्द्रित करें

कठिन और महत्त्वाकांक्षी लक्ष्य चुनने की जरूरत नहीं है। कम समय में हासिल किए जा सकने वाले लक्ष्य को प्राथमिकता दें और प्रतिदिन सतत् प्रयास करते रहें।

12. दैनिक कार्यक्रम बनाएं

दिन-भर में किए जाने वाले कार्यों को लिख लें और प्राथमिकता के आधार पर सारे कार्यों को पूरा करें।

13. योजना को संशोधित करें

रात में सोने से पहले दिन-भर किए गए कार्यों का विश्लेषण करें। फिर अगले दिन के कार्यों की रूपरेखा तैयार करें। ■■■

26

अकर्मण्यता से बचें

'कर्मानुसार सबको फल मिलता है। बुद्धि भी कर्म के अनुसार ढल जाती है। इसलिए सोच-विचार कर कर्म करना चाहिए।'

–सूक्ति गंगाधर

स्वामी विवेकानंद ने कहा था कि युवाओं को एक ही आदत को अपनाना चाहिए, जो भी करने योग्य कार्य है, उसे बेहिचक तुरंत किया जाए।

इसी प्रकार प्रसिद्ध विचारक कार्टन जैम्ब का कथन है – "एक वर्ष बाद आपको इस बात पर पछतावा हो सकता है कि काश! आपने किसी कार्य को आज ही शुरू किया होता।"

वर्तमान युग की एक आम समस्या अकर्मण्यता है। हम जानते हैं कि हमें क्या करना है और हमें क्या करना चाहिए। इसके बावजूद हम वक्त को बर्बाद करते रहते हैं और टीवी देखने, गप्पे लड़ाने आदि कार्यों में जुटे रहते हैं। ऐसा करते हुए हम अपने महत्वपूर्ण कार्यों की उपेक्षा करते रहते हैं।

कार्य की थकान मिटाने के लिए मनोरंजन के लिए थोड़ा वक्त निकालने में कोई बुराई नहीं है, लेकिन ज्यादातर वक्त निरर्थक गंवा देने के बाद आपके पास महत्वपूर्ण कार्य निपटाने के लिए वक्त ही नहीं बचेगा। ऐसी स्थिति में आप हताश हो सकते हैं और आपका आत्मविश्वास भी कमजोर हो सकता है।

तो इससे बचने के लिए आप क्या कर सकते हैं? अकर्मण्यता से बचने के लिए यहां ऐसे ही कुछ अचूक उपाय बताए जा रहे हैं।

1. सोचना छोड़ें, कार्य आरंभ करें

विचारक इवा यंग का कथन है – "किसी कार्य के बारे में बहुत ज्यादा सोचते रहने से अक्सर वह कार्य पूरा नहीं हो पाता।"

आप जिस लक्ष्य को हासिल करना चाहते हैं, उसके लिए योजना बना लेने से जरूर आपकी सहायता हो सकती है, लेकिन लंबी योजना और अत्यधिक सोच-विचार करने से प्रतिकूल नतीजा सामने आने का भी खतरा रहता है।

आप लगातार सोच-विचार में डूबे रहते हैं और एक 'जोरदार योजना' तैयार करना चाहते हैं। एक ऐसी योजना जिसमें एक भी त्रुटि न हो, जो कभी भी नाकाम न हो, तो इस तरह का कोई नियोजन संभव नहीं हो सकता, मगर इस तरह का नियोजन तैयार करने में आवश्यकता से अधिक वक्त लगाकर आप अपने आपको धोखा देने की कोशिश जरूर कर सकते हैं।

2. कार्य को बोझ न बनाएं

प्रसिद्ध लेखक ओकीन मिलर का कथन है - "अगर आप किसी आसान कार्य को जटिल बनाना चाहते हैं, तो उसे टालते रहें।"

विचारक जार्ज क्वाइड लोरीयर के शब्दों में - "किसी आसान कार्य को टालते रहने से वह जटिल कार्य बन जाता है, जटिल कार्य को टालते रहने से वह असंभव कार्य बन जाता है।"

किसी कार्य के बारे में लंबे समय तक सोच-विचार करते हुए और उसे टालते हुए, जहां आप मेहनत से बचना चाहते हैं। वहीं मामूली कार्य को बोझ भी बना देते हैं। विचारकों के कथन में इसी बात की पुष्टि की गई है। किसी कार्य को जितने दिनों तक आप टालते रहते हैं, वह कार्य आपके लिए उतना ही जटिल बनता जाता है।

कार्य के बारे में सोचते हुए आप उसे अपने दिमाग में फैलाना शुरू कर देते हैं। जब आप कार्य को टालते रहते हैं, तो आपका अवचेतन मन वैसे कार्य के बारे में नकारात्मक तरीके से सोचने लगता है। इस तरह राई का पहाड़ बन जाता है, जिससे बाद में निपटना आपके लिए मुमकिन नहीं रह जाता इसलिए दुविधा से निकल कार्य करने में जुट जाइए।

कई बार आपको किसी तरह की योजना बनाने की जरूरत नहीं होती। कार्य आपके सामने होता है और आपको पता होता है कि आपको क्या करना है।

इसलिए टालमटोल का रवैया छोड़िए, पुरुषार्थ में जुट जाइए। अपने भीतर पनपने वाली असुविधा की भावना को भूल जाइए। मन आरामतलब होता है और आपको उसके आदेश का पालन करते हुए अकर्मण्य नहीं बनना है।

3. पहला कदम उठाएं

मार्टिन लूथर किंग जूनियर ने कहा था – " आपको पूरी सीढ़ियां देखने की जरूरत नहीं। ऊपर चढ़ने के लिए पहला कदम बढ़ाएं।"

जब आप किसी कार्य या परियोजना के भविष्य को दूर तक झांकने की कोशिश में जुट जाते हैं, तो उसे पूरा करना असंभव लगने लगता है। वैसी स्थिति में नाकामी की आशंका के चलते आप कोशिश करना छोड़ देते हैं और मनोरंजन या मन बहलाव के लिए किसी अन्य कार्य में जुट जाते हैं इसलिए कहा जाता है कि भविष्य की योजना बनाकर वर्तमान क्षण में अपने ध्यान को पूरी तरह केन्द्रित करना चाहिए।

आप सिर्फ आज के पहले कदम पर अपना ध्यान केन्द्रित करें। सिर्फ वर्तमान के प्रति एकाग्र होने की जरूरत है और मन से असमंजस का भाव निकाल देना चाहिए। पहला कदम उठाते ही आप जड़ता से ग्रस्त मानसिक स्थिति में परिवर्तन कर सकते हैं, तब आप खुद से कह सकते हैं कि कार्य करने के लिए पहला कदम आप उठा चुके हैं। इस तरह आपका रवैया सकारात्मक बन जाता है और आप अगला कदम उठाने के लिए तैयार हो जाते हैं। इसी तरह एक-एक कदम बढ़ाते हुए आप अपनी मंजिल तक पहुंच सकते हैं।

यह तय है कि आप दूर से ही पूरी सीढ़ी को नहीं देख सकते। जैसे-जैसे आप कदम बढ़ाते जाएंगे, सीढ़ी पूरी तरह दिखाई देने लगेगी इसलिए कदम नहीं बढ़ाने पर बड़ी-से-बड़ी योजना भी नाकाम हो जाती है। जब आप कदम बढ़ाते हैं, तो कल्पना और हकीकत के फर्क को अच्छी तरह समझने लगते हैं।

4. सबसे कठिन कार्य को पहले करें

डेल कार्नेगी का कथन है – "पहले सबसे कठिन कार्य को पूरा करें। आसान कार्य अपने आप हो जाएंगे।"

अगर आप दिन की शुरुआत करते हुए प्राथमिकता के आधार पर सबसे कठिन काम को पहले पूरा करेंगे, तो आप तनावमुक्त होकर दूसरे कार्यों को आसानी से पूरा कर सकेंगे। कठिन कार्य को पहले निपटाने पर आपको आगे बढ़ने में आसानी होगी। सिर्फ एक ठोस पहल के जरिए आप अद्भुत फर्क पैदा कर सकते हैं।

5. निर्णय लें

थियोडोर रूजवेल्ट का कथन है – "निर्णय की घड़ी में आप सही कार्य करने का निर्णय लेते हैं, जो गलत भी हो सकता है, मगर अनिर्णय की स्थिति से अच्छा है निर्णय लेना।"

कई बार व्यक्ति हाथ-पर-हाथ रख कर अकर्मण्य बना बैठा रहता है और कोई भी कार्य करते हुए हिचकता है। सफलता के लिए आपको निर्णय लेने में सक्षम और पुरुषार्थ बनना पड़ेगा। जब आप दुविधा की स्थिति में होते हैं, तब आपके मनोभाव भी अस्थिर बने रहते हैं। आपके भीतर विचारों की खींचतान जारी रहती है।

जैसा आप करते हैं वैसी ही आपकी मानसिक स्थिति भी तैयार होती है। जब आप स्वयं से कहते हैं कि अमुक कार्य को करने में आप सक्षम हैं, तो आपका आत्म-विश्वास मजबूत हो जाता है। आत्मबल के साथ जब आप प्रयत्न करना शुरू करते हैं, तो सफल होने की संभावना भी काफी बढ़ जाती है। आपकी आत्मछवि दृढ़ संकल्प वाले व्यक्ति जैसी बनने लगती है, लेकिन जब आप अकर्मण्यता का सहारा लेते हैं, तब आपका आत्मविश्वास डगमगाता रहता है और आप अपने अवचेतन मन को संदेश भेजकर यही बताते हैं कि निर्णय लेने में आप सक्षम नहीं हैं।

6. भय का सामना करें

डेनिस वेटली ने कहा था, "अकर्मण्यता असल में सफलता के भय का दूसरा नाम है। लोग इसलिए टालमटोल करते रहते हैं क्योंकि उन्हें डर लगता है कि अगर वे आगे कदम बढ़ाएंगे, तो उन्हें सफलता मिल जाएगी। चूंकि असफलता वजनदार होती है। उसके साथ जिम्मेदारी जुड़ी होती है इसलिए अकर्मण्य बने रहना आसान समझा जाता है और फिर कभी करने के सिद्धांत का पालन किया जाता है।"

यह कथन पूरी तरह सही है। 'फिर कभी कार्य को करने' का रवैया अपनाना आसान होता है। मेहनत करना कठिन होता है। ऐसे लोग जोखिम उठाना मूर्खता समझते हैं। वे किसी तरह की तकलीफ उठाने के लिए तैयार नहीं होते, न ही उन्हें जवाबदेही को स्वीकार करना अच्छा लगता है।

आसान विकल्प से हमें तात्कालिक रूप से राहत महसूस हो सकती है, लेकिन लंबे समय में अकर्मण्यता हमें असफलता के गर्त की तरफ ही ले जा

सकती है। वैसी स्थिति में ग्लानि और पछतावे के सिवाय हमारे पास कुछ नहीं बचता।

जब आप मेहनत करने का विकल्प चुनते हैं और कर्म में जुट जाते हैं, तब जीवन का नियंत्रण आपके अपने हाथों में आ जाता है।

7. कार्य को पूरा करें

विचारक विलियम जेम्स का कथन है–"किसी अधूरे कार्य को छोड़ना पीड़ा दायक अनुभव होता है।"

डेविड एलन का कथन है–"बहुत ज्यादा काम सामने होने के कारण लोग तनाव ग्रस्त नहीं होते। वे अपने शुरू किए गए कार्य के अधूरे रह जाने के कारण तनावग्रस्त हो जाते हैं।"

किसी कार्य को पूरा करने के लिए प्रयत्न नहीं करने पर जिस तरह बाद में आपको पछतावा हो सकता है, उसी तरह किसी कार्य को अधर में लटकाए रखने से आपको हताशा का अनुभव होता है। अधूरे कार्य के कारण आप खुद को तनावग्रस्त महसूस करने लगते हैं। आपको लगता है मानो किसी ने आपकी आंतरिक शक्ति को अवरुद्ध कर दिया हो।

ऐसी स्थिति से उबरने के लिए तत्काल अधूरे कार्य को पूरा करने में जुट जाइए। कार्य को पूरा करने से आप अपने भीतर उत्साह और आत्म-विश्वास महसूस करते हैं और नए जोश के साथ दूसरे कार्य को शुरू भी कर सकते हैं।

■■■

27

एहसानों को न भूलें

'महान व्यक्ति अपने द्वारा किए गए परोपकार को स्मरण नहीं रखते, परंतु दूसरों के द्वारा किया गया तुच्छ उपकार भी वह कभी नहीं भुलाते।'

–ऋषि दयानंद

हम जिंदगी में तरक्की करते हैं और एक मुकाम पर पहुंचने के बाद जब अब तक की जिंदगी कैसी बीती, इस पर नज़र डालते हैं, तब हमें स्वयं की मेहनत और परिश्रम नजर आता है। काफी कम लोग होते हैं, जो अपने परिवार और ऐसे लोगों को देख पाते हैं, जिनके कारण वे इस मुकाम पर पहुंचे हैं। एक बड़ी ही अच्छी और रोचक कहानी है।

एक बड़ा परिवार रहता है, जिसमें माता-पिता और उनके 8 बच्चे रहते हैं। पिता दिन-भर खान में काम करते रहते है, ताकि 10 सदस्यों वाले परिवार का पेट भर सके। उनके पास रहने के लिए बड़ा मकान भी नहीं है। बावजूद इसके सभी आपस में काफी प्रेम भाव से रहते हैं और एक दूसरे की सहायता करते हैं। परिवार के दोनों बड़े लड़कों का कला के प्रति काफी झुकाव है और दोनों यह बात अपने पिता को भी बताते हैं।

पिता उन्हें समझाते भी हैं कि चित्रकला की पढ़ाई काफी महंगी है और वह अकेले इतना पैसा जुटा नहीं पाएंगे। दोनों अपनी इच्छा को बनाए रखते हैं और थोड़े बड़े होने के बाद वे यह तय करते हैं कि दोनों में से एक खदान में काम करेगा और दूसरे की पढ़ाई का खर्च उठाएगा और पढ़ाई पूर्ण करने के बाद जो भी पैसा आएगा, उससे फिर दूसरा भाई पढ़ाई करेगा, पर पहले पढ़ाई करने कौन जाएगा इस बात को लेकर दोनों फिर विचार करने लगते हैं और यह तय होता है कि सिक्का उछालकर निर्णय किया जाए कि कौन पहले जाएगा?

निश्चित तारीख को दोनों भगवान को याद करके सिक्का उछालते हैं और दोनों में से एक पढ़ाई के लिए रवाना हो जाता है और दूसरा खदान की ओर रुख़ करता है। लगभग पांच वर्षों की अथक मेहनत के बाद चित्रकला की पढ़ाई करने वाला भाई न केवल अपने चित्रों के कारण प्रसिद्ध हो जाता है, बल्कि वह अच्छा पैसा भी कमाने लगता है।

वह सफलता प्राप्ति के बाद गांव में लौटता है। उसके आने की खुशी में गांव में भोज का आयोजन होता है। सभी उसकी तारीफ करते हैं और वह अपने भाई–बहनों के लिए काफी उपहार भी लाता है और भोज के दौरान अपने उस भाई की तरफ इशारा करते हुए कहता है कि भाई तुम्हारे समर्पण और त्याग की वजह से मैंने यह दिन देखा है। अब तुम्हारी बारी है। मैं तुम्हारा संपूर्ण खर्चा उठाऊंगा।

यह सुनकर खदान में जाने वाला भाई कहता है कि मैं अब नहीं जाऊंगा। मेरी इच्छा पूर्ण हो गई। तुम श्रेष्ठ चित्रकार बन गए हो। यही बहुत है। काफी समझाने के बाद भी जब भाई नहीं मानता तब चित्रकार भाई उसे पांच वर्ष पूर्व किए गए वादे की याद दिलाता है।

बावजूद इसके खदान में जाने वाला भाई नहीं मानता। चित्रकार को समझ में नहीं आता आखिर बात क्या है? मेहमानों के चले जाने के बाद जब चित्रकार अपने भाई के पीछे जाता है और उससे पूछता है, तब वह भाई अपने हाथ सामने करता है और कहता है कि खदान में इतने समय तक काम करने के कारण उसकी उंगलियां खराब हो चुकी हैं और उसे बीमारियों ने घेर लिया है। अब उससे हाथ में ब्रश भी नहीं पकड़ा जा सकेगा। अपने भाई की यह हालत देखकर चित्रकार भाई की आंखों में आंसू आ गए और दोनों गले लगकर रोने लगे।

बाद में चित्रकार भाई ने अपने भाई के केवल हाथों के चित्र बनाए और उन्हें दुनिया के सामने रखा, जिसकी ना केवल खूब तारीफ हुई, बल्कि काफी अच्छे दाम भी मिले। जिंदगी में हमारे लिए अनजाने में कई लोग सहायता करते हैं, जिन्हें हम भूल जाते हैं। परिवार के सदस्य और दोस्त हमारे लिए सब कुछ जानने के बाद सहायता करते हैं। इस कारण सफलता मिलने के बाद इन्हें न भूलें।

■■■

28

करें जीत की कल्पना

'जिसे स्वयं पर ही विश्वास नहीं, वही नीच है। जिसे अपमान से भय न हो वही नीच है। जो अपनी विजय की कामना तक न करे, वही नीच है।'

–आचार्य मनु

जब हम मेहनत करते हैं और अपेक्षित परिणाम नहीं मिलता, तो हम आत्म-विश्लेषण करते हैं। हमने इस प्रक्रिया में आरंभ से अंत तक जो भी प्रयास किए हैं, उनके बारे में सोचते हैं और यह पता लगाने की कोशिश करते हैं कि कहां चूक हो गई? कौन-से कारण थे, जिनके कारण सफलता दूर छिटक गई।

मेहनत सभी करते हैं, पर जिन्हें परीक्षा में या रोज़गार पाने में सफलता मिल जाती है, वे कुछ अलग किस्म के नहीं होते, बल्कि उनके मेहनत करने का तरीका अलग होता है। इसमें वह सब कुछ होता है, जो एक अधूरे प्रयत्न में होता है, लेकिन इन सभी से जो अलग होता है वह यह है कि वे अपनी जीत या सफलता की कल्पना पहले से कर चुके होते हैं।

वे आत्मविश्वास से लबरेज होते हैं। साथ ही जानते हैं कि जीत या सफलता कैसे पाई जाए? दरअसल हमारे पास जो दिमागी शक्ति है, उसमें इतनी ताकत है कि हम उसके जरिए चाहे जैसी भी कल्पनाओं को आकार दे सकते हैं। जरा सोचिए कोई भी काम करने से पहले अगर हम लगातार अपनी जीत के बारे में सोचेंगे, तब यह भी सोचेंगे कि अगर हारेंगे तो कैसे हारेंगे? कौन-से कारण हो सकते हैं, जिनसे हार का सामना करना पड़ सकता है, आदि।

इससे हमारी तैयारी में आसानी होगी और हम स्वयं ही अपने अच्छे आलोचक बन सकते हैं। ऑरनाल्ड शेवार्जनेगर ने मिस्टर यूनिवर्स का खिताब सात बार जीता। कोई भी सामान्य व्यक्ति एक, दो या तीन बार मिस्टर यूनिवर्स का खिताब जीत सकता था, पर सात बार जीतना अपने आप में एक अजूबा था।

जब उनसे पूछा गया कि आपकी जीत का राज़ क्या है? तब उन्होंने बताया था कि रोजाना व्यायामशाला (जिमनेज़ियम) में वजन उठाकर व्यायाम सभी करते हैं, पर मैं प्रतिदिन वहां अपने आपको एक विजेता की तरह आइने में देखता था और यह मेरी दिनचर्या का अहम हिस्सा था।

यही नहीं, व्यावसायिक गोल्फर जैक निकलस से जब यह पूछा गया था कि आपकी सफलता का क्या राज़ है? तब उनका कहना था कि वे जब भी शॉट मारते हैं, उसके पूर्व वे इन सभी बातों की कल्पना कर लेते हैं कि बॉल को कैसे और कहां मारना है? उसकी ऊंचाई कितनी होगी। यह सब कुछ कल्पना में होने के बाद इस कल्पना को वे दिमाग में बनाए रखते हैं।

उसके बाद शॉट मारते हैं और अधिकांश समय वे सही शॉट लगाते हैं। यही नहीं, एक बेहतरीन उदाहरण एक युद्धबंदी का भी है। युद्ध के दौरान दुश्मन देश द्वारा पकड़े जाने के बाद उसे वर्षों तक जेल में रखा गया। इस दौरान वह अपने को दिमागी रूप से व्यस्त रखने के लिए मन-ही-मन गोल्फ खेला करता था, क्योंकि गोल्फ उसका पसंदीदा गेम था।

यह प्रक्रिया उसने वर्षों तक जारी रखी। जब वह जेल से छूटकर अपने देश अमेरिका पहुंचा, तब उसने गोल्फ खेलने की इच्छा जताई और जब खेला तब उसने पाया कि वह पहले से कहीं अधिक अच्छा गोल्फ खेल पा रहा था।

■■■

29

गुणवत्ता बनाए रखें

'महान व्यक्ति छोटे-से-छोटा कार्य भी सुंदरता से करते हैं। जिस प्रकार प्रकृति ने प्रत्येक प्राणी के शिशु को आकर्षक बनाया है, उसी प्रकार श्रेष्ठ व्यक्ति अपने कार्य को आरंभ से ही गुणयुक्त बना देते हैं।'

–चीनी कहावत

एक व्यक्ति ने गुलाब का पौधा घर में लगाया। वह रोजाना उसे पानी देता था और यह उम्मीद कर रहा था कि पौधे में जल्द-से-जल्द एक गुलाब लगे। वह रोज इस बात का इंतजार करता रहता कि आज गुलाब आ ही जाएगा, पर नहीं आया।

कुछ समय बाद पौधा बड़ा होता है और उसमें नुकीले कांटे नजर आना आरंभ होते हैं। व्यक्ति यह देखकर परेशान हो जाता है और यह सोचने लगता है कि इन नुकीले कांटों के बीच से गुलाब कैसे निकल पाएगा। इसके बावजूद वह पानी देना आरंभ रखता है, लेकिन गुलाब नहीं दिखता।

वह एक दिन काफी गुस्से में आ जाता है और पौधे को पानी देना बंद कर देता है। यह वही समय होता है, जब पौधे से गुलाब की कली आनी आरंभ हो जाती है। पानी देना बंद करने के कारण पौधे का विकास रुक जाता है और पौधा मर जाता है।

दोस्तों, हम सभी के अंदर भगवान ने स्वयं के जैसे गुणों का बीजारोपण किया है, पर हम अपनी गलतियों और बुराइयों की ओर ज्यादा देखते हैं। हम अपने आपको भीतर से देखते ही नहीं है और अपनी अच्छाइयों को स्वयं ही छुपाए रहते हैं और उस पर समय-समय पर पानी नहीं डालते, जिसके कारण अच्छाइयां मर जाती हैं।

ऐसा ही हम दूसरों के साथ भी करते हैं। हम दूसरें की बुराइयों पर जल्द नजर डालते हैं और उनकी अच्छाइयों की तरफ हमारा ध्यान ही नहीं जाता। दरअसल हम स्वयं की अच्छाइयों पर भी नजर नहीं डालते और दूसरों की बुराइयों की ओर जल्द ध्यान देते हैं। इससे हम स्वयं का विकास भी नहीं कर पाते और दूसरों का विकास करना, हमें अच्छा नहीं लगता।

अगर हम स्वयं अपने गुणों की ओर सकारात्मकता के साथ देख लें, तो उसका नतीजा काफी अलग होगा। हमें सबसे पहले अपने गुणों को पहचानना सीखना होगा कि आखिर ऐसे कौन-से गुण हैं, जिनके कारण हमारा व्यक्तित्व बन रहा है। कई बार व्यक्ति में जलन, ईर्ष्या, कपट आदि का भाव रहता है और यह स्वभावगत रहता है।

इस कारण व्यक्ति जाने-अनजाने में ऐसा व्यवहार कर जाता है, जो कि उसके आस-पास के लोगों को अच्छा नहीं लगता, पर किन्हीं कारणों से वे कह नहीं पाते हैं। जब व्यक्ति अपने गुण-अवगुण पहचानने की क्षमता विकसित कर लेता है, तब निश्चित रूप से वह अपने आपको सही तरीके से पहचान लेता है और इसके बाद गुणों को सींचना आरंभ कर देता है।

गुणों को सींचना यानी अपने आपको समझाने जैसा है, क्योंकि हम स्वयं के साथ संवाद स्थापित करने में भी स्वार्थ बीच में ले आते हैं। स्वार्थ को अलग कर स्वयं के नकारात्मक पहलुओं को दूर कर सकारात्मक गुणों को सींच कर उन्हें व्यक्तित्व में ढालना अपने आप में काफी बड़ी प्रतिक्रिया है, जो इस प्रक्रिया से एक बार गुजर जाता है, निश्चित रूप से गुणों की खान बन जाता है।

■■■

30

स्वयं से करें बातें विजेता की तरह

'दरिद्रता पर मितव्ययिता, क्रोध पर शांति और असत्य पर सत्य से ही विजय प्राप्त की जा सकती है। अंधकार का अस्तित्व एक दिये के सामने तुच्छ है। विजय की भावना ही विजयी बनाती है।'

–सामवेद

प्रसिद्ध विचारक डेनिस वेटली का कहना है – "अपने आपसे सकारात्मक बातें करते हुए, हम अपने व्यक्तित्व में असाधारण बदलाव ला सकते हैं।"

कल्पना करें 100 मीटर की दौड़ में दो समान रूप से प्रतिभावान और मेहनती धावक भाग लेने वाले हैं। दोनों पहला कदम बढ़ाने से पहले अपने-अपने स्थान पर आकर खड़े हो गए हैं। पहला कदम बढ़ाने से पहले वे उसी तरह खुद से बातें कर रहे हैं, जिस तरह हम लोग किसी भी चुनौती का सामना करते समय अक्सर खुद से बातें करते हैं।

धावक अ – अपने आपसे कहता है, अब मुझे साबित कर दिखाने का मौका मिल रहा है जिसके बारे में मैं हमेशा सोचता रहा हूं। मैं 100 मीटर की दौड़ का सर्वश्रेष्ठ धावक हूं और आज मुझे निश्चित रूप से विजय मिलने वाली है। मैं विजयी कदम रखते हुए अभी से रोमांच महसूस कर रहा हूं। मैं जरूर जीत हासिल करूंगा।

धावक ब – अपने आपसे कहता है – हे भगवान! पिछली कई दौड़ की तरह आज फिर मैं एक दौड़ जीतने के लिए कोशिश कर रहा हूं। मुझे आज तक जीत नहीं मिली है। पता नहीं आखिरी घड़ी में मैं नाकाम क्यों हो जाता हूं, क्या मैं आज भी नाकाम हो जाऊंगा? नाकाम होने पर लोग मुझे क्या कहेंगे? क्या मैं सचमुच दौड़ जीत पाऊंगा?

बेहिचक कहा जा सकता है कि धावक 'अ' को ही जीत मिलेगी। वह खुद से बातें कर जहां अपना आत्मबल बढ़ा सकता है, वहीं भावनात्मक और मानसिक रूप से दौड़ को जीतने के लिए प्रचुर ऊर्जा भी बटोर सकता है। सकारात्मक रूप से खुद से बातें करना जादुई परिणाम ला सकता है।

आपको भले ही इस बात का अंदाजा न हो, लेकिन जब आप खुद से बातें कर रहे होते हैं, तो आपके भीतर की धारणाएं प्रतिध्वनित होती रहती हैं।

यह अवचेतन मन की एक प्रक्रिया है जिस पर जागरूक होकर नियंत्रण रखा जा सकता है। अगर आप सचमुच मानते हैं कि दौड़ में आपकी जीत नहीं होगी, तो खुद से बातें करते हुए यही बात उजागर भी होगी। अगर आप अपनी क्षमताओं पर भरोसा रखेंगे, तो खुद से बातें करते समय आपका आत्मबल झलकेगा।

स्वयं से विजेता की तरह बातें करने के कुछ सूत्र इस प्रकार हैं :

1. जो आप खुद से कहते हैं, उस पर विश्वास रखें। एक विजेता की तरह सोचें, कार्य करें और बातें करें। इस तरह आप विजेता बन सकते हैं।
2. निश्चित लक्ष्य चुनें। मसलन अगर आप 100 मीटर की दौड़ जीतना चाहते हैं, तो कहें मैं 100 मीटर की दौड़ में जीत हासिल करना चाहता हूं। यह मेरी दौड़ है और इसमें मुझे कोई पराजित नहीं कर सकता।
3. जोर से अपने आपसे बातें करें। चुपचाप सोचें नहीं। हिचकिचाने की जरूरत नहीं है। अपने आपसे यह न कहें, "इसे मैं कर सकता हूं," बल्कि कहें, "मैं इसे करूंगा।"
4. विजेता की तरह आचरण करें। विजेता की तरह सपने देखें। आत्मविश्वास के साथ कदम बढ़ाएं।
5. नकारात्मक वाक्यों से दूर रहें। मसलन "मैं नाकाम नहीं हो सकता।" कहने के बजाय यह कहें, "मैं जीतूंगा।"

■■■

31

सपनों के पंख और आसमान में छलांग

'यदि उचित अवसर और साधनों का विचार रखकर कार्य करो और समुचित प्रयास करो, तो कौन-सी बात है जो असंभव है?

–तिरुवल्लुवर

किसी भी क्षेत्र में कामयाब होने की पहली शर्त है सपना देखना। जो भी कामयाब है उसने पहले सपना देखा। कवियों से लेकर दार्शनिक व्यापारी से लेकर नेता और उद्यमी से लेकर खिलाड़ियों तक ने अपनी कामयाबी में सपने के महत्व को माना है। चाहे कोई उद्योगपति हो, दार्शनिक अरस्तु, कवि यीट्स हो या पोल वॉल्ट खिलाड़ी सर्गेई बुबका, सबने अपनी कामयाबी के पहले एक बड़ा सपना देखा और उसे हासिल करने के लिए एड़ी-चोटी का जोर लगा दिया। पूर्व राष्ट्रपति भारत रत्न डा. ए.पी.जे. अब्दुल कलाम के शब्दों पर ध्यान दीजिए– 'सपने देखिए। ऐसे सपने देखिए, जो आपको सोने न दें। इन सपनों को साकार करने के प्रयास ही आप को कामयाब बना सकते हैं।'

पूरे संसार में कुंग-फू और जूडो-कर्राटे का नाम किसने नहीं सुना? मार्शल आर्ट्स को यह लोकप्रियता दिलाने वालों में ब्रूस-ली का नाम सर्वोपरि माना जाता है। ब्रूस ली ने 9 जनवरी 1970 को अपने आपको एक गुप्त चिठ्ठी लिखी, जिसमें उन्होंने 1980 तक संसार में सर्वाधिक लोकप्रिय तथा सफल कलाकार बनने का लक्ष्य पूरा करने का विश्वास जताया। अपने सपने को पूरा करने के लिए वह लगे रहे और 1973-80 के बीच ही सफलता के शिखर पर जा पहुंचे।

1. सबसे पहले अपने अंदर उस नजरिए का निर्माण करें कि आखिर आप हासिल क्या करना चाहते हैं? इसके बिना न तो सपना पूरा हो सकेगा और न ही आप इसे पूरा करने की कोई तैयारी कर सकेंगे।

2. जब आप यह जान लेंगे कि आपका सपना क्या है, तो आपके लिए यह जानना आसान हो जाएगा कि उसे हासिल करने के लिए आप में क्या संभावनाएं हैं?
3. जब आप यह जान लेंगे कि क्या संभावनाएं हैं, तो आप इसका बेहतर इस्तेमाल करना जान पाएंगे। किसी ने ठीक ही कहा कि सपने में कुछ भी असंभव नहीं। यह आपको प्रेरित करेगा।
4. अपना सपना पूरा करने के लिए आपको जमीनी हकीकत समझ कर अपेक्षित योग्यता व कुशलता हासिल करनी होगी। शिक्षा या दक्षता हासिल करनी होगी। इसके जरिए आप अपने सपने को हासिल करने के लिए समय सीमा निर्धारित कर पाएंगे।
5. इन तमाम बातों के मद्देनजर फिर आपको कड़ी मेहनत करनी होगी। यह याद रखिए कि कई लोग एक जैसा सपना देखते हैं, लेकिन कुछ ही उसे साकार कर पाते हैं। इसकी सिर्फ और सिर्फ एक वजह होती है कि वे उसे पूरा करने की जी-जान से कोशिश करते हैं।
6. यह भी जरूरी है कि अपने सपने को साकार करने के लिए रोज ध्यान, प्रार्थना, व्यायाम और स्वस्थ आहार ग्रहण करें।

इसके अलावा इन उपायों पर भी ग़ौर करें -

- सकारात्मक सोच।
- नैतिक बल का विकास।
- खुद पर यकीन।
- जोखिम उठाएं।
- बड़ा सोचें।
- अप्रत्याशित घटना के लिए हरदम तैयार।
- कभी निराश न हों।
- हमेशा जूझते रहें।
- किसी भी तरह की आलोचना से न डरें।

■■■

32

कामयाब ज़िन्दगी के सूत्र

'किसी के गुणों की प्रशंसा करने में समय न गंवाओ, बल्कि उनके गुणों को अपनाने का प्रयास करो।'

–कार्ल मार्क्स

आपने अवश्य अनुभव किया होगा कि कई बार आपके आस-पास के लोग बातचीत के दौरान ही ऐसी बातें कह जाते हैं, जो आपके चिंतन और जीवन को देखने के नजरिये को भीतर तक प्रभावित करती हैं।

अगर हम किताबी ज्ञान को छोड़ दें और केवल उन लोगों के दृष्टिकोण से जीवन जीने का प्रयास करें, जो अपने अपने क्षेत्र में सफल हुए हैं, तो आपको अपनी मंजिल बहुत आसान लगेगी। एक बार प्रयास करके देखिए। आप बहुत से अवसरों पर समारोहों, सम्मेलनों तथा कार्यक्रमों में जाते होंगे, वहाँ लोगों से घुलिए-मिलिए और उनसे पूछिए कि आपने अमुक सफलता कैसे प्राप्त की? नए व्यक्ति कैसे अधिक सफल हो सकते हैं? मुझे आगे बढ़ने के लिए क्या करना चाहिए? आप पायेंगे कि आपका जीवन जीने के बारे में हर व्यक्ति एक ही मंत्र देगा, 'जो भी काम करो, उसमें डूब कर आगे बढ़ो। परिश्रम से घबराना नहीं चाहिए।'

ऐसे ही कुछ बिंदु यहां दिए गए हैं, जो कभी मैंने भी दूसरों से सीखे थे-

- जिम्मेदारी एक ताकत है, न कि बोझ।
- ज़िन्दगी में सिर्फ इच्छाएं न पालें, लक्ष्य भी बनाएं।
- सोचें जो भी मेरे पास है, मेरे लिए खास है।
- हमारे पास तीन अहम चीज़ें हैं - शरीर, वक्त और सोच।
- खुश रहना भी एक आदत है और लगन से मेहनत करना भी एक आदत है।

- कामयाबी के तीन नियम हैं - कठोर परिश्रम, आत्मविश्वास और आत्म-विकास।
- कोई भी काम सिर्फ काम चलाने के लिए नहीं, बल्कि आगे बढ़ने के लिए करें।
- अगर आप पूरी जिन्दगी के लिए खुशी चाहते हैं, तो अपने काम से प्यार करना सीखें।
- असफलता वह अवसर है, जब आप अधिक समझदारी से दोबारा शुरुआत कर सकते हैं।
- कोल्हू का बैल सारा दिन घूमता रहता है, लेकिन रहता वहीं-का-वहीं है।
- पढ़े-लिखे होने से अच्छा है पढ़ते-लिखते रहना।
- दलदल में रहोगे, तो तैरना नहीं सीखोगे।
- ख़्वाहिश को पूरा करने की कोशिश करें, ताकि भविष्य में खेद नहीं रहे कि कोशिश नहीं की थी।
- सीधी बातचीत, दोस्ती बनाए रखने का सबसे अच्छा तरीका है।
- हर दिन की शुरुआत सुखद, संतुष्ट सुखी नजरिये से कीजिए। आप पाएंगे कि आपका दिन सुखद व सफल गुजरेगा।

■■■

33

नजरिए में लाएं बदलाव

'जो अपने ऊपर शासन नहीं करेगा, वह सदा ही दूसरों का गुलाम रहेगा। दूसरों को जीतने से अधिक श्रेष्ठ है खुद को जीतना।'

–गेटे

एक समय वह भी था, जब लोग कम पैसे कमाकर भी खुश रहते थे। वहीं भाग-दौड़ और प्रतियोगिता के इस दौर में अब लाखों-करोड़ों कमाने के बाद भी लोगों के चेहरे पर वह खुशी नहीं होती, जो पहले हुआ करती थी। लोग अपने काम से नाखुश हैं, अवसाद का शिकार हो रहे हैं। उनकी सोच सकारात्मक के बजाय नकारात्मक होती जा रही है। मगर कुछ बातें अपनाकर हम अपने अंदर से नकारात्मक सोच-विचार निकाल सकते हैं।

सकारात्मक संदेश

अपने अंदर से नकारात्मक सोच निकाल कर विचारों में सकारात्मक सोच लानी चाहिए। हमें किसी भी परिस्थिति में हार नहीं माननी चाहिए। अपने दिमाग को सकारात्मक संदेश देते रहना चाहिए। इससे हमारे जीवन में आने वाली बड़ी-से-बड़ी कठिनाई भी हमें छोटी नजर आएगी।

रिचार्ज करें खुद को

कठिन परिस्थितियों में भी अपने जीवन में आने वाली छोटी-से-छोटी खुशियों को याद करें। यकीनन आपके चेहरे पर मुस्कुराहट आएगी। साथ ही ध्यान, खरीदारी और अपनी दूसरी रुचियों को बढ़ावा देकर भी आप खुश रह सकते हैं। इसके अलावा आप अपनी कुछ आदतों और तरीकों में बदलाव लाकर भी अपने दु:ख और परेशानियों को दूर कर सकते हैं।

मदद लें

जब भी आपको यह लगे कि एक ही समय में आपकी जरूरत दो जगह पर है, तो ऐसी परिस्थिति में उलझन में रहने के बजाए अपने किसी दोस्त व परिवार वाले की मदद लेना श्रेयकर रहेगा।

रिश्तों में ताजगी लाएं

अक्सर लोगों को यह लगता है कि प्यार जताने की जरूरत नहीं होती, मगर हकीकत में समय-समय पर अपने चाहने वालों को यह बताते रहना चाहिए कि आप उनसे कितना प्यार करते हैं। आपके जीवन में उनका क्या महत्व है। इससे आपकी डगमग होती गाड़ी भी वापस पटरी पर चलने लगेगी। प्यार आपको खुशी का अहसास देता है और जब आप अपने प्यार का इज़हार करते हैं, तो सामने वाला भी खुश होता है और आप भी।

अपने काम में कोताही न करें

घर हो या बाहर अपने काम में कोई कोताही न करें। कार्यालय में अपनी टीम के किसी सदस्य से रूखा व्यवहार न करें। अपने पेशेवर रवैये के साथ समझौता न करें। वाद-विवाद से दूर रहने का प्रयास करें।

तनाव को दूर करें

शारीरिक व्यायाम के अलावा टीवी देखकर और किताबें पढ़कर भी आप दिमाग को विषम परिस्थितियों से दूर रख सकते हैं। इसके अलावा फल, सब्जी और सलाद खाकर भी खुद को तंदरुस्त रख सकते हैं। ■■■

34

वक्त का सम्मान करें

'जीवन का एक भी क्षण करोड़ों स्वर्ण मुद्राएं देकर भी वापस नहीं मिलता।'

–चाणक्य

वक्त बड़ा बलवान है। वक्त व्यक्ति को सब कुछ समझा देता है। वक्त पर काम नहीं हुआ, तो कुछ नहीं। वक्त का सम्मान करना सीखें। ये ऐसे वाक्य हैं जिनका उपयोग हम रोजमर्रा की बातचीत में करते हैं। ऑफिस में भी बात करते हैं, पर क्या कभी गंभीरता से सोचा है कि आखिर वक्त बलवान क्यों है? वो इसलिए क्योंकि हम उसे बलवान बनने देते हैं।

दरअसल वक्त पर काम करने के प्रति हम भारतीयों की मानसिकता कुछ अलग है और इसका असर हमारे काम, रोज़गार और आगे बढ़ने की कोशिशों पर भी पड़ता है इसलिए ये जान लें कि अगर हमने वक्त का साथ नहीं दिया, तो वक्त भी हमारा साथ नहीं देगा।

10 बजे यानी 9:55 बजे

विदेशी कंपनियां खासतौर पर यूरोप से लेकर अमेरिका तक में, वक्त का सम्मान करना खूब जानते हैं। अगर उन्होंने किसी को 10 बजे मिलने का वक्त दिया है, तब वे स्वयं उसके लिए 9:55 बजे तैयार रहते है। यह बात अगर हमारे देश में होती, तब 10 के 10:15 बजना मामूली बात है।

दरअसल इससे पता चलता है कि व्यक्ति काम के प्रति कितना गंभीर है। आप किसी व्यक्ति को 15 मिनट बिना कारण के इंतजार कैसे करवा सकते हैं। विदेश में लोग इतनी देर तक बिना किसी कारण के रुकने के बिल्कुल भी आदी नहीं होते।

वक्त आपका ख्याल रखेगा

अगर आप अपने आपको तेजी से आगे बढ़ता देखना चाहते हैं, तब आपके लिए वक्त का सम्मान करना जरूरी है। वक्त पर स्वास्थ्य की देखभाल करने से लेकर सही वक्त पर पहुंचना यह सब कुछ आगे बढ़ने के लिए काफी जरूरी होता है। अगर आपने वक्त का सम्मान किया है, तब प्रगति निश्चित है।

सीखें वक्त की पाबंदी

आप किसी साक्षात्कार में 10 के बजाय 11 बजे पहुंचेंगे, तब शायद आपको साक्षात्कार समिति के सामने तो क्या भीतर बैठने के लिए भी नहीं कहा जाएगा। दरअसल वक्त आपको संगठित व्यक्तित्व में ढालता है। अगर व्यक्ति के मन में वक्त के प्रति सम्मान का भाव नहीं होगा, तब वह मनमर्जी का मालिक होगा और कभी भी सुबह को सुबह नहीं कह पाएगा, बल्कि वह वक्त को अपनी तरह से परिभाषित करने से बाज नहीं आएगा।

भारतीय परिप्रेक्ष्य में देखा जाए, तो व्यापार जगत ने अब जाकर वक्त का सम्मान करना सीखा है, पर अब भी हमें काफी कुछ बदलाव लाना बाकी है, जो वक्त रहते ले आएं तो काफी फर्क पड़ सकता है क्योंकि अगर हमने वक्त की कद्र नहीं की, तो वक्त भी हमारी कद्र नहीं करेगा। ■■■

35

चलिए सकारात्मकता के राजमार्ग पर

'जिसके मन में संदेह है, उसे कहीं ठिकाना नहीं। उसका विनाश निश्चित है। वह रास्ते पर चलते हुए भी नहीं चलता, क्योंकि वह जानता ही नहीं कि मैं कहां हूं?'

–महात्मा गांधी

हमारे सोच-विचार के दो तरीके हैं- एक सकारात्मक और दूसरा नकारात्मक। सकारात्मक सोच पर जीवन की असल खुशी टिकी रहती है। अगर सोच नकारात्मक होगी, तो लाख सुविधाएं होने के बावजूद इंसान खुश नहीं रह सकता। अगर सोच सकारात्मक होगी, तो अभाव में भी वो सुखी रहेगा, संतुष्ट रहेगा और जिंदगी का लुत्फ उठा सकेगा इसलिए जिंदगी की सारी खुशी इसी पर निर्भर करती है कि हम जीवन को कैसे लेते हैं, उसे कैसे जीते हैं और हमारे सोचने समझने का तरीका कैसा है।

हम देख रहे हैं कि देश आर्थिक समृद्धि की ओर बढ़ रहा है लोगों को ढेर सारी सुख सुविधाएं भी मिली हुई हैं, फिर भी वे दुःखी हैं। संपन्नता में भी अभाव महसूस करते हैं, क्योंकि उनकी सोच नकारात्मक है। रोगी यदि दिन-रात अपने दुःख के बारे में सोचता रहेगा, तो वह कभी भी स्वस्थ नहीं हो सकेगा। इसके विपरीत यदि उसकी सोच सकारात्मक होगी, तो वह बीमारी में भी अच्छा महसूस कर सकता है तथा जल्दी स्वस्थ भी हो सकता है। यदि हम नकारात्मक सोच को अपने भीतर प्रवेश न करने दें, तो अच्छा अनुभव कर सकते हैं। विपरीत परिस्थितियों में भी सामान्य जीवन जी सकते हैं और दुःख की आग में जलने से भी बच सकते हैं।

सकारात्मक सोच वाला व्यक्ति जीवन संघर्ष में हार नहीं मानता। उसे अपने आराध्य की कृपा का सहारा भी मिल जाता है। नकारात्मक सोच रखना यानी

आगे रहकर दु:ख को निमंत्रण देना और जीवन को नर्क बना देना। इससे जीवन की यात्रा कठिन और बोझिल हो जाती है। अपने सुख-दु:ख के लिए कोई अन्य नहीं, बल्कि व्यक्ति स्वयं ही जिम्मेदार है।

कुछ लोग जीवन में सारे सुख होने के बावजूद दिन-रात अपने दु:ख का रोना रोते रहते हैं। वे असंतोष की आग में जलते रहते हैं और तनाव में जीते हैं। और अधिक चाहिए...और अधिक...एक अंतहीन प्यास जिसका कोई अंत नहीं। यह प्यास हमारा रहा-सहा सुख भी छीन लेती है और जीवन दु:ख-द्वंद की करुण दास्तान बन जाता है। अतएव यह आवश्यक है कि व्यक्ति केवल जीवन के अंधेरे के बारे में न सोचें, बल्कि आने वाली सुबह का भी ध्यान रखें, जो द्वार पर दस्तक दे रही है।

सकारात्मक सोच ही जीवन के सच्चे सुख, शांति, संतोष और आनंद का आधार है। नकारात्मक सोच वाले इंसान के जीवन में केवल निराशा असंतोष, जलन और आहें शेष रह जाती हैं। नकारात्मक सोच जीवन का अभिशाप है, तो सकारात्मक सोच वरदान।

जीवन के सुख के लिए नकारात्मक सोच की अंधेरी गली से निकलकर सकारात्मक सोच के राजमार्ग पर चलना चाहिए।

महाकवि जयशंकर प्रसाद ने अपने महाकाव्य कामायनी में यही संदेश दिया है -

'औरों को हंसते देखो मनु
हंसो और सुख पाओ
अपने सुख को विस्तृत कर लो
सबको सुखी बनाओ।'

■■■

36

हर दिन, पहला दिन

'अपने लक्ष्य के बारे में दिन-रात पूर्ण उत्साह से सोचने तथा प्रयास करने वाले को ही सफलता मिलती है।'

–स्वामी विवेकानंद

सीमा उद्यमी महिला है। उसकी शहर में एक प्रतिष्ठित दुकान है। उसके व्यवसाय में सकारात्मक और उत्साही रवैये से लोग प्रभावित होते हैं। एक दिन एक सहेली ने इसका राज़ पूछ ही लिया, तो उसका जवाब बहुत भिन्न था। अधिकांश लोग कहते हैं कि जीवन का प्रत्येक दिन इस तरह जियो जैसे वह जीवन का आखिरी दिन हो, पर सीमा ने कहा कि वह अपनी दुकान में प्रवेश करते समय स्वयं से एक वादा करती है कि वह उसी भावना से काम करेगी, जैसा पहले दिन किया था।

इससे वह छोटी खरीदारी और बड़ी खरीददारी करने वाले ग्राहकों दोनों को मान देती है। कोई ग्राहक निराश नहीं जाता। इससे उसकी बाजार में साख बढ़ती ही जा रही है, क्योंकि जो ग्राहक आज छोटी खरीदारी करता है वही कल अधिक भी कर सकता है। हर दिन को पहला दिन समझने पर उसमें अहंकार नहीं आता, काम टालने की आदत नहीं बनती और ऐसा ही प्रभाव कर्मचारियों पर भी पड़ता है।

आपने देखा होगा कि कामवाली बाई काम के पहले दिन घर का हर कोना साफ कर देती है, कपड़ों को बेदाग चमका देती है। यदि आप स्वयं नौकरी पेशा हैं, तो आपको याद होगा कि नौकरी के शुरुआती दिनों में जो मेहनत आप करते थे, उसका कुछ प्रतिशत भी बाद में नहीं करते होंगे। समय बीतने के साथ-साथ कार्य के प्रति जोश और समर्पण भी घटता जाता है। वह जज़्बा जो कार्य के प्रारंभ में था वह धीरे-धीरे क्षीण होता जाता है।

हर दिन हो पहला दिन

यदि रोज सुबह हम यह निर्णय लें कि उसी उत्साह से कार्य करेंगे, जितना प्रारंभिक दिनों में करते थे, तो कार्य की गुणवत्ता में अप्रत्याशित सुधार कर पाएंगे। हम यह सोचें कि हमें प्राप्त वेतन या सुख-सुविधाएं यदि बढ़ रही हैं, तो उसी अनुपात में हमारी कार्यक्षमता और समर्पण भी बढ़ना चाहिए। पहला दिन समझने से हममें अहंकार का भाव भी नहीं पनप पाएगा, वह अहंकार जो पुराने होने पर हमें हमारे पद या ओहदे के कारण आ जाता है।

निरंतर प्रगति का लक्ष्य

वेद हमारे पूजनीय ग्रंथ है। वेदों का एक उपदेश है - **'उद्यानं वे पुरुष नावयानम्'** अर्थात मनुष्य का जन्म इस दुनिया में इसलिए हुआ है कि वह निरंतर प्रगति करे, आगे बढ़ता रहे, कभी नीचे की तरफ न जाए। जिस प्रकार यदि गेंद को ऊपर की ओर उछाला जाए, तो एक हद तक वह ऊपर जाएगी, उसके बाद नीचे आने लगेगी। उसी प्रकार जिस दिन मनुष्य की उन्नति रुक गई, उस दिन उसकी अवनति प्रारंभ हो जाएगी। अतः हर सुबह की शुरुआत में हम यह सोचें कि जो भी कार्य हम कर रहे हैं उसे बेहतर कैसे करें।

एक वादा स्वयं से

दुनिया की कोई कृति त्रुटिरहित नहीं, उसमें बेहतरी की संभावना रहती है। हर दिन हमारे व्यवहार में यदि हम विनम्रता चाहते हैं, तो ईश्वर से प्रार्थना करें कि वे कार्य के प्रथम दिन जैसी ईमानदारी हमें हमारे कार्य में बख़्शें, हर दिन उन्नति के नए शिखर पर पहुंच हम स्वयं का, परिवार का और समाज-राष्ट्र का नाम रोशन करें। एक वादा स्वयं से करें कि चाहे हम कोई भी कार्य क्यों न करें पर वह पिकासो की पेंटिग की तरह अद्वितीय हो। ■■■

37

जलाएं रखें उम्मीद का दीपक

'आशा जीवन की नौका का लंगर है, यह दुर्भाग्य की आंधियों-तूफानों में जीवन को थामे रहती है। जिन्होंने उम्मीद छोड़ दी, वह ही डूबते और नष्ट होते हैं।'

–लुकमान

अगर सफलता मंजिल है, तो असफलता वह रास्ता है जो हमें इस मंजिल तक पहुंचाता है। यही वजह है कि महापुरुषों ने इन दोनों में ही आशा की किरण देखी है। छोटी-छोटी असफलताएं ही आगे चलकर बड़ी सफलता का आधार बनती हैं।

आज के कुछ नादान और कमजोर लोग भले ही छोटी-छोटी नाकामयाबी से निराश होकर जीवन से हार मान लेते हों, लेकिन जुझारू लोग अपनी किश्ती इस तूफान में भी पार लगाने में कामयाब हो जाते हैं।

यदि असफलता का एक मात्र उपाय 'आत्महत्या' ही होता तो दुनिया में सभी सफल व्यक्ति खत्म हो चुके होते, क्योंकि आज के सभी सफल व्यक्ति अपने जीवन में कभी-न-कभी असफल जरूर हुए हैं। यहां तक कि भगवान ने भी मनुष्य रूप में जन्म लेकर तरह-तरह के कष्ट उठाए और कई 'असफलताएं' भी झेलीं।

दुनिया में ऐसे न जाने कितने लोग हैं, जो किसी एक क्षेत्र में अच्छा काम नहीं कर सके और लगातार असफल होते रहे, लेकिन निरंतर प्रयास व मेहनत के बाद जब उन्हें कामयाबी मिली, तो वे पूरे संसार के सामने एक मिसाल साबित हुए। जीवन में हारना भी जरूरी है।

हारने से ही जीतने का रास्ता मिलता है, जिस पर चलकर आप हमेशा जीतते रह सकते हैं क्योंकि एक बार आप हार का कड़वा स्वाद भी चख चुके होते

हैं। असफलता के बाद सफलता का मौका हमेशा आपके पास होता है, लेकिन निराश होकर आत्महत्या करने वाले लोग अपने सभी मौके खो देते हैं। किसी भी काम में दोबारा से मेहनत करके सफलता प्राप्त की जा सकती है, लेकिन जान देने के बाद भूल सुधार का अवसर ही नहीं रहता।

आत्महत्या सफलता के सारे रास्ते बंद कर देती है इसलिए स्वयं को एक और मौका देने का रास्ता हमेशा आपके पास होना चाहिए। किसी भी संकट में धैर्य ही काम आता है। परिस्थितियों से घबराकर पीठ दिखाने वालों से तो भगवान भी किनारा कर लेते हैं क्योंकि वह भी हमारे अंदर ही हैं। सफलता उनका ही साथ देती है, जो हर पल आशा की डोर थामे रहते हैं।

सामने चाहे कितना ही अंधेरा क्यों न हो, पर अगर आप रोशनी की आस में चलते रहेंगे, तो उस तक पहुंच ही जाएंगे। जीवन में किसी परीक्षा में फेल होने का यह मतलब नहीं है कि पूरा जीवन ही बेकार हो गया है। एक बार असफल हो जाने के बाद दोगुने उत्साह से पूरी तैयारी के साथ जुट जाएं और अगली-पिछली सभी कमियों को खत्म कर दें।

आज जो आप पर हंस रहे हैं या उंगली उठा रहे हैं, कल वे भी आपकी सफलता पर प्रशंसा कर रहे होंगे या किसी कोने में खड़े जल-भुन रहे होंगे इसलिए बिना वक्त गंवाए उठें, जागें और उद्देश्य की प्राप्ति किए बिना रुकें नहीं। ■■■

38

नाकामी से सीख लें

'सफलता की खुशियां मनाना ठीक है, लेकिन असफलताओं से सबक सीखना अधिक महत्त्वपूर्ण है।'

–बिल गेट्स

सफल लोगों की जिंदगी हमेशा असफलता से शुरू होती है, इसके एक नहीं कई उदाहरण इतिहास में देखे जा सकते हैं। अमेरिका के पहले अरबपति जॉन डी रॉकफेलर सीनियर, फोर्ड मोटर कंपनी के संस्थापक हेनरी फोर्ड, विश्वप्रसिद्ध कंप्यूटर कंपनी 'डेल' के मुख्य कार्यकारी अधिकारी माइकल डेल, माइक्रोसॉफ्ट के बिल गेट्स जैसे सैकड़ों-हजारों सफल व्यक्तियों ने शिक्षा क्षेत्र में बहुत बड़ी उपलब्धि कभी हासिल नहीं की है।

इनमें से कई तो उच्च शिक्षा भी प्राप्त नहीं कर पाए और कई को बीच में ही पढ़ाई छोड़नी पड़ गई। आगे चलकर यही लोग स्कूल-कॉलेजों में छात्रवृत्तियां बांटने लगे और डॉक्टरेट की उपाधियाँ पाने लगे यानी जीवन में पढ़ाई-लिखाई जरूरी तो है, पर अगर मन में विश्वास है तो उसके बिना भी बहुत कुछ किया जा सकता है। जरूरत है बस अपने अंदर छिपी प्रतिभा को जानने और उस पर अमल करने की।

लिंकन, न्यूटन, आइंस्टीन, सचिन तेंदुलकर, पेले, महात्मा गांधी, मोहम्मद अली आदि हर व्यक्ति जीवन में कभी-न-कभी असफल जरूर हुए हैं। आम आदमी और इनमें सिर्फ यही अंतर रहा कि इन्होंने असफलताओं से सीख लेकर उसी को सफलता की सीढ़ी बना लिया।

एडमंड हिलेरी माउंट एवरेस्ट के शिखर तक पहुंचने वाले पहले इंसान थे, लेकिन वे भी एक बार के प्रयास में ही सफल नहीं हो गए थे। उन्होंने 1952 में माउंट एवरेस्ट पर चढ़ने की कोशिश की, लेकिन असफल रहे।

इस अभियान के कुछ हफ्ते बाद जब एक कार्यक्रम में उनसे कुछ बोलने के लिए कहा गया, तो उन्होंने माउंट एवरेस्ट की एक तस्वीर की ओर रुख करके जोशीले अंदाज में मुक्का ताना और कहा– 'तुमने मुझे पहली बार तो हरा दिया माउंट एवरेस्ट, लेकिन अगली बार मैं तुम्हें हराऊंगा? क्योंकि तुम तो बढ़ नहीं सकते, पर मैं आगे बढ़ सकता हूं और अगले वर्ष 29 मई 1953 को एडमंड हिलेरी ने यह कर भी दिखाया।

हिन्दी फिल्मों के सुपरस्टार अभिनेता अमिताभ बच्चन रेडियो पर उद्घोषक (अनाउंसर) के चयन में अनिवार्य 'ऑडिशन टेस्ट' भी पास नहीं कर पाए थे। फिल्मों में आने के बाद भी शुरुआती फिल्में लगातार पिटती रहीं, पर उनके मन मे आशा का दीपक जलता रहा। इसी आशा के बल पर आज वे सदी के महानायक कहलाते हैं यानी कभी-कभी एक असफलता भी सैकड़ों सफलताओं से बढ़कर साबित होती है। यही बात बहुत तेज़ी से कामयाबी की सीढ़ियां चढ़ रहे फिल्म स्टार अक्षय कुमार और अभिषेक बच्चन पर भी लागू होती है। उनकी भी ढेर सारी फिल्में पिटीं, मगर उन्होंने हौसला नहीं गंवाया।

■■■

39

कामयाबी संयोग से हासिल नहीं होती

'आकृति, कुल, शील, विद्या, यत्नपूर्वक की हुई सेवा-ये कोई फल नहीं देते। निरंतर प्रयासों की तपस्या से संचित भाग्य ही परिणाम देता है।'

–भृर्तहरि

परीक्षा का दौर आता है। पढ़ने वाले विद्यार्थियों का ध्यान पढ़ाई पर होता है। नतीजे को बेहतर बनाने और अगले पड़ाव पर पहुंचने के लिए वे प्रयास करते हैं, लेकिन ऐसे विद्यार्थी जो पूरे साल नियमित पढ़ाई नहीं करते, समय रहते अपना काम शुरू नहीं करते, आलस कर जाते हैं और परीक्षा को भूत समझकर डरते हें और सोचते हैं, जो किस्मत में होगा वही मिलेगा।

आखिरकार उनका नतीजा अच्छा नहीं आता और वह किस्मत को दोष देते रहते हैं। इसके विपरीत नियमित पढ़ाई करने वाले विद्यार्थी कभी भी परीक्षा से नहीं डरते। आज के समय को देखते हुए, यह तो बिल्कुल सच है कि जिसने अपने भविष्य की चिंता की, आगे बढ़ने, कुछ कर दिखाने के लिए मेहनत को अपनाया वही कुछ कर सकता है, मंजिल को पा सकता है, नहीं तो आलसी विद्यार्थी सिर्फ भाग्य को कोसता रह जाता है।

भाग्य को कमजोरी छुपाने का जरिया बनाया जाता है। बड़े-बुजुर्ग, संत, ज्ञानी सभी कह गए हैं कि मेहनत किस्मत से बड़ी है। जरूरत है उत्साह और उमंग की ताकि विद्यार्थी अपनी पढ़ाई, चिंतन-मनन को सही दिशा दे सकें और इस प्रतिस्पर्धा को जमाने में अपने आपको पूरी तैयारी के साथ उतार सकें। इसके लिए कुछ महत्त्वपूर्ण बातों को ध्यान में रखना होगा -

बौद्धिक क्षमता का विकास करें और अपनी दक्षता को बढ़ाएं। समय कम है इसलिए आज के काम को कल पर न टालें।

- एक विधि से समाधान न निकले तो काम को अधूरा न छोड़ दें, दूसरी विधि पर अमल करें।

- अपनी समस्या को माता–पिता व शिक्षकों को बताएं, चर्चा करें और सलाह लें।
- पढ़ाई के दौरान एकाग्रता का विकास करें, खुद को इधर–उधर भटकने न दें।
- जटिल पाठ को समझने, याद रखने के लिए बार बार दोहरायें करें।
- जरूरत पड़ने पर किसी विषय पर अपने सहपाठियों से सलाह लें, लेकिन निर्णय खुद ही लें।
- सवाल के जवाब जल्दबाज़ी में न दें।
- अपनी रचनात्मकता को सुधारें तथा अपने विचारों को व्यक्त करने की शैली को मजबूत बनाएं।
- नकारात्मक सोच को मन में जगह न लेने दें। इससे आपकी किस्मत पर निर्भरता खत्म होगी।
- आप कठिन मेहनत करते रहें, किस्मत को अपना काम करने दें।

■■■

40

कार्य और जीवन में संतुलन कायम करें

'इंद्रिय-सुख के लिए विक्षिप्त होना ही बंधनों तथा दुःखों का कारण है। आत्मसंयम ही सभी प्रकार का मोक्ष प्रदान करता है।'

–श्रीमद्‌भागवत

हम अक्सर काम और जिन्दगी में संतुलन बनाए रखने की बात करते हैं, पर क्या यह इतना आसान होता है? लोगों का मानना है कि काम और जीवन में संतुलन बनाया जा सकता है। कई लोगों का यह भी मानना है कि महिलाएं इस काम में पुरुषों की तुलना में अधिक बेहतर होती हैं।

हालांकि, यह हम सभी समझते हैं कि काम के अच्छे परिणाम और तनावमुक्त जीवन के लिए संतुलन होना बेहद जरूरी है, लेकिन यह भी सच है कि निजी और पेशेवर जीवन में संतुलन बनाने की यही जरूरत आधुनिक कार्यस्थलों पर तनाव का सबसे बड़ा कारण है। इसमें कामयाब न रहने वाले लोग अक्सर अंतिम तिथि (डेड लाइन), मेल मिलाप, व्यापारिक यात्राओं और परिवार के दबावों में निरंतर फंसे रहते हैं। जब आपके पास अपने लिए पर्याप्त समय नहीं होता, तो ऐसे में कुछ कदम उठाने जरूरी होते हैं, लेकिन यह भी सच्चाई है कि इसका एक निश्चित सिद्धांत या छोटा रास्ता नहीं है, जो हर स्थिति में एक समान परिणाम दें।

विकल्पों पर काम करें

अधिकतर संस्थान कर्मचारी आधारित नीतियों की जरूरत को समझते हैं। यदि आपको काम पसंद है, पर आप समय को अपने अनुसार व्यवस्थित करना चाहते हैं, तो आप प्रबंधकों से बात करके अपने नियमित कार्य में बदलाव लाने के बारे में बात करें अन्यथा अंशकालिक रोज़गार (पार्टटाइम) के विकल्पों के

बारे में भी सोच सकते हैं। जब आप अपने अनुसार व्यवस्था में बदलाव करने की बात करते हैं, तो यह सुनिश्चित कर लेना बेहतर होगा कि यह बदलाव आपकी कार्यकुशलता और उत्पादकता को बढ़ाने वाला होना चाहिए। इसी के साथ कंपनी के लिए भी फायदेमंद साबित होना चाहिए।

व्यवहारिक बनें

आप काम में अच्छे हैं इसलिए काफी जिम्मेदारियां वहन कर सकते हैं। कम समय में एक साथ बहुत सारे काम करने की कोशिश न करें, यह व्यावहारिक नहीं है। अपने काम की प्राथमिकता तय करें, तभी अपने समय का सही प्रबंधन कर सकेंगे।

जिम्मेदारियां बांटें

आप अधिकतम उतना ही काम कर सकते हैं, जितना आपका शरीर और मस्तिष्क आपका साथ दे सकता है। यदि आप ऊंचे पद पर आसीन हैं, तो आप कुछ काम दूसरों को करने के लिए सौंप सकते हैं। ■■■

41

ऊर्जा बनाए रखें

'उत्साह, जीवन को लक्ष्यों को प्राप्त करने की ऊर्जा देता है। उत्साही के लिए सभी कुछ संभव है।'

–महर्षि वाल्मिकी

प्रतिस्पर्धा के इस युग में हरेक पर हर कीमत पर कामयाबी के झंडे गाड़ने का जुनून सवार है। ऐसे में कदम-कदम पर आगे बढ़ने के लिए प्रेरणा की आवश्यकता है, ताकि पूरी ताकत से काम में जुटकर मुकाम हासिल किया जा सके। मनोवैज्ञानिक भी इस मामले में एकमत हैं कि प्रेरणा सफलता की सबसे कारगर कुंजी है, तो नजर डालते हैं आत्म-प्रेरणा के लिए जरूरी रणनीतियों पर -

1. छुट्टी जरूर लें

प्रेरित होने के लिए सबसे पहले आपको अपने रोज के काम-काज से समय निकाल कर खुद को पूरी तरह तनावमुक्त करना होगा। काम से समय निकालकर कागज़ कलम लेकर, आप यूं ही टहलते हुए किसी पार्क में घने छायादार पेड़ के नीचे, बेंच पर या किसी एंकात चट्टान पर जा बैठें और आस-पास बिखरे कुदरत के सुंदर नजारे देखकर आनंदित हों। बेफिक्र उछल-कूद करते बच्चे, चमकते सूर्यदेव और रिमझिम बारिश से उपजे अनोखे संगीत का भी आनंद लें। इससे आप में जिस आंतरिक ऊर्जा का संचार होगा, उसका आभास आपको काम पर लौटने के साथ ही होने लगेगा।

2. कुछ पढ़ते-लिखते रहें

आत्म-प्रेरणा का दूसरा तरीका है - नई-नई जानकारी हासिल करना। चाहे आपको अपने दिन-भर का लेखा-जोखा तैयार करना हो या पूरी जिंदगी की

योजना तैयार करना हो, आप ऐसी तमाम पत्रिकाओं को पढ़कर काफी संतोष महसूस करेंगे, जिनमें आपके कार्यक्षेत्र की नवीनतम जानकारियां प्रकाशित होती रहती हैं। अखबार या पत्रिका में छपे उपयोगी लेख भी आप एक जगह संजोकर रख सकते हैं। नयी योजना बनाते वक्त ये संदर्भ काफी मददगार साबित होंगे। हर दिन के अंत में आधा घंटा निकालकर दिन-भर में किए अपने काम की बेबाक समीक्षा लिखें और उसके मद्देनजर ही अगले दिन, महीने या साल की योजना तैयार करें। हर लक्ष्य के लिए अंतिम तिथि तय कर लें, तो कामयाबी दूर नहीं।

3. दोस्तों से मिलें

मशहूर टीवी प्रोग्राम, 'कौन बनेगा करोड़पति' में आपने देखा होगा कि 'फोन-ए-फ्रेंड' की लाइफ लाइन कितनी फायदेमंद साबित होती है। असल जिंदगी में भी ये काफी कारगर है, जो मित्र आपको समझता हो, उसे जरूर फोन करते रहें। ऐसी 'नेटवर्किंग' के अपने फायदे हैं। समय-समय पर मित्रों से मिलते रहने से भी जीवन में ऊर्जा बनी रहती है। अंत में मैं आपसे यह अनुरोध भी करना चाहूंगा कि अपने काम को किसी भी स्थिति में बोझ न समझें। खुद को या अपने कार्य को कोसें नहीं। इसके विपरीत अपने कार्य, कार्य के वातावरण और जो भी सहयोगी आपको मिले हों, उन्हें सराहना सीखें। अपनी कठिन से कठिन परिस्थितियों में आनंद लेना सीखें। अपने साथियों को भी समय पड़ने पर सहारा देना न भूलें। ■■■

42

सफलता के सूत्र

'पुरुषार्थ मेरे दाएं हाथ में है और सफलता बाएं हाथ में।'

–अथर्ववेद

सफलता का सैद्धांतिक अर्थ चाहे सबके लिए अलग-अलग हो, लेकिन सफलता का मतलब एक आम आदमी के लिए अपने लक्ष्य को पाना, ऊंचा स्थान हासिल करना और लोकप्रिय होने से ही माना जाता है। सीधे सपाट शब्दों में पद और यश ये दोनों चीजें सफलता की पहचान हैं। सफल होने के लिए व्यक्ति जी-जान से मेहनत करता है। एड़ी-चोटी का जोर लगा देता है।

यह भी उतना ही सच है कि सफलता पाना जितना महत्त्वपूर्ण है, उस सफलता को लंबे समय तक टिकाए रखना भी उतना ही जरूरी है। सफलता कोई मंजिल नहीं, यह एक अंतहीन यात्रा है। सफलता का कोई छोटा रास्ता नहीं होता। मगर हां, सफलता प्राप्त कर लेने के बाद उस सफलता की लोकप्रियता को बनाए रखने का काम अवश्य कुछ टिप्स अपनाकर किया जा सकता है।

समूह को महत्व दें

किसी पद पर आसीन होने के बाद वास्तव में आप एक समूह विशेष के प्रतिनिधि हो जाते हैं और आपकी सफलता निजी न होकर सामूहिक होती है। जिसमें आपके नेतृत्व और मातहतों की कार्यकुशलता दोनों का हाथ होता है। अतः पहला सूत्र यही है कि मैं की जगह हम और मेरा की जगह हमारा को कंठस्थ करें और जीवन में अमल में भी लाएं।

तैयारी और सक्रियता

बाहरी दुनिया में होने वाले परिवर्तन और उनसे आपकी संस्था को होने वाले लाभ-हानि के गणित के प्रति जागरूक रहना दूसरा सूत्र है। स्वयं को समय के

अनुरूप तैयार रखें और चुस्त-दुरुस्त बनाये रखना भी आपका लक्ष्य होना चाहिए ताकि आपका शारीरिक व मानसिक स्वास्थ्य लोगों के लिए प्रेरणा का विषय बना रहे।

व्यवसायिकता अपनाएं

पक्षपात, परिवारवाद, स्वार्थ, निजी हित, व्यक्ति विशेष की उपेक्षा आदि आपकी क्षमता पर प्रश्नचिह्न लगा सकते हैं। अतः तीसरा सूत्र यह कहता है कि व्यवसायिक नज़रिया अपनायें। स्वयं भी नियम-कायदे-निष्पक्षता व अन्य सभी शिष्टाचारों का पालन करें। आलोचना सुनकर आग बबूला न हों। अपने को निरंतर दूसरों से आगे रखने के प्रयासों में लगे रहें। अपने क्षेत्र में श्रेष्ठता प्राप्त करने के उद्देश्य से कार्य करें।

शालीन बनें

सफलता धूम-धड़ाके के साथ आती है, लेकिन अपने साथ अहंकार रूपी दैत्य को भी लेकर आती है। सफलता का स्तर बढ़ने के साथ-साथ अहंकार भी बढ़ता जाता है और आपको अलोकप्रिय बनाने में कोई कसर नहीं छोड़ता। स्वयं को साध्य नहीं साधन मात्र समझें और किसी भी हाल में शालीनता का दामन कभी न छोड़ें।

व्यवहार कुशलता भी जरूरी

समूह को निर्देशित करना निश्चित ही चुनौती-भरा काम है क्योंकि समूह में विभिन्न स्वभाव, विभिन्न पृष्ठभूमि वाले लोग आपके साथ होंगे। ऐसे में उन्हें समझना, सही राय देना व सही तरीके से निर्देशित करना बेहद जरूरी होगा। व्यवहार कुशलता से काम करें, भावनाओं के बजाय दिमाग से काम करें, व्यवहार में आत्मीयता का होना जरूरी है।

बड़प्पन बनाए रखें

पद पर आसीन होने के बाद आप आम आदमी न रहकर खास हो जाते हैं। आपके स्वभाव, व्यवहार, क्रिया-प्रतिक्रिया पर न केवल सभी की नजर टिकी होती है, बल्कि कहीं-न-कहीं वे आपका अनुकरण करने का भी प्रयास करते हैं। अतः पांचवां सूत्र यही कहता है कि व्यवहार में बड़प्पन बनाए रखें। छोटी-छोटी बातों पर चिढ़ना-खीझना, चीखना, नाराज होना, पुरानी रंजिश दबाए

रखना, शब्द बाणों से भेदना, सरेआम किसी को अपमानित करना आदि आपके पद को शोभा नहीं देता।

दूरियां भी जरूरी

व्यावसायिक रिश्तों में कुछ दूरियां अवश्य बनाए रखें और लोगों के लिए एक पहेली ही बने रहें। इसी से आपकी लोकप्रियता व उन्नति की यात्रा चलती रहेगी।

■■■

43

नकारात्मक प्रभाव डालने वाली बातें

'बुद्धिमान व्यक्ति के लिए संसार की कोई भी परिस्थिति निराशाजनक नहीं हो सकती।'

–मा.स. गोलवलकर

इंसान की पहचान छोटी-छोटी बातों से ही होती हैं। ज्यादातर बातों को हम छोटी-सी बात कहकर टाल देते हैं, लेकिन यही बातें हमारे व्यक्तित्व के लिए भारी साबित हो जाती हैं। हमारी यही आदत सामने वाले पर नकारात्मक छाप छोड़ती है।

ध्यान देने योग्य नकारात्मक बिंदु

1. किसी के घर जाने पर दरवाजे की घंटी (डोर बेल) बजाने के तुरंत बाद यदि दरवाजा न खुले, तो इतंजार करने के बजाय बार-बार घंटी का बटन दबाना।
2. अखबारवाला पड़ोस में अखबार डाल गया हो, तो चुपके से जाकर वहां से अखबार उठा लेना और पूरा पढ़ने के बाद उन्हें वापस करना।
3. पान मसाला या गुटखा खाकर इधर-उधर कहीं भी थूकना।
4. पड़ोसी की चिट्ठियां खोलना, पढ़ना, उन्हें दोबारा चिपका कर भेज देना।
5. टिकट लेते समय, बिल जमा करते समय या किसी भी अन्य कार्य के लिए लगी हुई कतार में खड़े न होकर कतार के बीच में से घुसना और लोगों के आपत्ति करने पर उनसे झगड़ना।
6. बिना अनुमति दूसरों के फोन का इस्तेमाल करना और समय की परवाह न करते हुए देर तक बातें करना, यह कहते हुए कि आपका फोन कौन सा आपका अपना है। आपको बिल थोड़े ही भरना है।

7. उधार लिया हुआ पैसा वापस न करना। उधार लिया हुआ पैसा वापिस देने पर यूं दिखाना कि उधार देने वाले ने ही कोई गलती कर दी हो।
8. किसी से पहली ही मुलाकात में उसे धर्म, जाति समेत तमाम निजी बातें पूछने लगना।
9. कार्यस्थल में बिजली के सामान जैसे पंखे, वातानुकूलन यंत्र (ए.सी.) या कंप्यूटर का प्रयोग न होने की स्थिति में खुला छोड़ देना।
10. मोबाइल पर सार्वजनिक स्थलों में तेज-तेज बातें करना।
11. आस-पड़ोस के लोगों को तंग करने के लिए जानबूझकर तेज ध्वनि में गाने सुनना या अपने घर पार्टी का आयोजन करने पर शोर मचाना, भले ही पड़ोस में कोई बीमार हो या किसी विद्यार्थी की परीक्षा चल रही हो।
12. सॉरी, धन्यवाद जैसे विनम्र शब्दों से संकोच करना।
13. सभी लोगों को बिना कारण राय देना, भले ही किसी को इससे बुरा लग जाए।
14. दोस्तों की चीजों का बेझिझक प्रयोग कर लेना।
15. किसी की गाड़ी मांगकर ले जाना और पूरा पेट्रोल खत्म करने के बाद लौटाना।
16. अपने ऊधम मचाने वाले बच्चों को खेलने के लिए पड़ोसी के घर भेज देना और खुद चैन की नींद सो जाना या कहीं घूमने चले जाना।
17. किसी से पत्रिकाएं-किताबें, सीडीज मांगकर व खराब हालत में वापस करना या फिर वापसी की बात ही भूल जाना।
18. इलैक्ट्रॉनिक सामान मांगना और खराब होने की स्थिति में बिना ठीक कराए वापस कर देना।
19. बिना इजाजत किसी के बगीचे या घर के आगे लगे फूल तोड़ना और कहना कि भगवान को चढ़ाने हैं।
20. पैर घसीट-घसीटकर चप्पल की आवाज करते हुए चलना।
21. बैठकों में समय से न पहुंचना, यह सोचते हुए कि समय पर पहुंचे, तो लोग सोचेंगे कि इनके पास कोई काम ही नहीं है।
22. खुद को सर्वश्रेष्ठ सिद्ध करना और दूसरों की हर वक्त बुराई करना।
23. बात-बात पर असभ्य तथा अशिष्ट शब्दों का प्रयोग करना। निरर्थक बहस करना।
24. किसी की कमजोरी या भावनात्मक परेशानियों का फायदा उठाना।

25. रास्ता पूछने के लिए कहीं भी गाड़ी खड़ी कर देना, जिससे पीछे गाड़ियों का रेला लग जाए और सड़क जाम हो जाए, साथ ही गाड़ी में बैठे-बैठे ही राह चलते किसी को पास बुलाकर रास्ता पूछना।

ये चंद बातें हैं, जो आपको एक अच्छा नागरिक नहीं बनने देतीं। ये तमाम बातें आपके व्यक्तित्व पर नकारात्मक प्रभाव डालती हैं इसलिए कोशिश करके इनसे बचने का प्रयत्न करें और खुद को लगातार सुधारें। ■■■

44

तनावमुक्त रहें

'स्नान, तैरना, निद्रा, पालतू जानवरों से खेलना और ईश वंदना ही तनाव दूर करने के सबसे प्रभावी साधन हैं। दवाओं से तनाव अस्थायी रूप से दूर होता है।'

–फ्रायड

घर आने के बाद कम-से-कम तीन घंटे तक टीवी मत देखिए। आपका समय कीमती है, उसे बरबाद मत कीजिए। इस वक्त को एक कप चाय या कॉफी की प्याली के साथ अपने परिवार के साथ बिताने की कोशिश करिए।

घर के अंदर-बाहर या उसके आस-पास कुछ पौधे लगाइए। बागवानी करने से कुछ ही देर में थकान व तनाव दोनों गायब हो जाते हैं।

शाम की थकान दूर करने के लिए घर का कोई कोना निश्चित कर लीजिए। यहां संगीत का आनंद ले सकते हैं, सुनकर या सुनाकर। जरूरी नहीं कि शास्त्रीय संगीत ही आनंद दे, कुछ भी हल्का-फुल्का सुना जा सकता है। मिजाज़ बदलने के लिए संगीत से बेहतर विकल्प और कोई नहीं हो सकता है।

खराब विचारों को दूर रखिए। सकारात्मक विचार पॉज़िटिव वाइब्रेशंस को बढ़ाने में मददगार होते हैं इसलिए अच्छे विचारों को अपने व्यवहार में शामिल करिए।

अपने काम या कार्यालय की बात को घर पर मत करिए। किसी सामान्य विषय पर बात करना ज्यादा हितकारी है।

पिछले किसी रचनात्मक अनुभव पर चर्चा करें। अपनी पिछली ज़िंदगी से जुड़ी रोचक घटना को याद करने से मन हल्का और शांत हो जाता है।

तनाव को दूर करने का व्यायाम सबसे बेहतर उपाय है। जो लोग नियमित कसरत करते हैं वे स्वस्थ तो रहते ही हैं और ज्यादा उत्साहित भी रहते हैं। याद रखें कि आप खुश और सेहतमंद होंगे, तो पूरा परिवार स्वस्थ और आनंदमय होगा।

छोटे-छोटे अवकाश दिमाग को शांत रखते हैं। इससे न तो नौकरी की चिंता रहती है न ही लक्ष्यों की। जब भी तनाव ज्यादा लगे इस पर अमल करें। साथ ही यह भी ज़रूरी है कि अवकाश पर जाने के बावजूद आप स्वयं को अपने कार्य से सदा के लिये निवृत्त न मानें अन्यथा वापसी पर काम का पहला घंटा ही आपको पगला देगा। याद रखें, कार्य का अभ्यास कभी भी टूटना नहीं चाहिए।

एक समय में अनेक काम एक साथ करने वाले तनाव ग्रस्त रहते हैं इसलिए अपनी सीमाओं को पहचानिए और उसी के अनुसार अपने ऊपर काम की जिम्मेदारी लीजिए। न कहना सीखिए। अपने आप तनावमुक्त रहेंगे।

तनाव दूर करने के बारे में दुनिया-भर के सभी प्रसिद्ध मनोचिकित्सकों ने अनेक तरीके सुझाए हैं। इन तरीकों में योगासन, कुछ देर तक खुली हवा में टहलना और लंबी सांसें लेना (यह भी योग ही है), बगीचे में फूल-पौधों को निहारना, घरेलू मछलीघर (एक्वेरियम) मछलियों को देखना तथा उन्हें चारा देना, पालतू पशु-पक्षियों के साथ समय बिताना, नन्हे बच्चों के साथ मौज-मस्ती करना, अंधेरे कमरे में हलका संगीत सुनते हुए आराम करना और तैरने जैसी गतिविधियों को लाभकारी बताया गया है।

यह हमेशा याद रखना चाहिए कि आपके तनावग्रस्त होने से आपको कुछ फायदा नहीं होने वाला। ■■■

45

अपने काम से प्यार करें

'यदि आपको अपने कार्य से प्रेम नहीं है, तो आपको परमात्मा भी सफल नहीं बना सकते।'

–ईसा मसीह

आप ऐसे लोगों से जरूर मिले होंगे, जो अपने काम में खुशी से डूबे रहते हैं। ये वे लोग हाते हैं, जो चेहरे पर मुस्कराहट लिए काम पर आते हैं और दिन–भर की चुनौतियों के लिए तैयार रहते हैं। वे कार्यालय में वैसे ही बैठते हैं जैसे आप। फिर भी उनमें कुछ अलग नजर आता है। वे अपने काम से प्यार करते हैं। यह काम करने के उनके अंदाज और रवैये से साफ दिखता है। ऐसा क्यों है कि ये लोग आगे बढ़ते जाते हैं और बाकी लोग पीछे रह जाते हैं? आप भी ऐसा कर सकते हैं।

उद्देश्य के प्रति ईमानदार रहें

अपने मजबूत पक्ष और रुचियों को समझने की कोशिश करें। खुद से प्रश्न करें और इस पंक्ति को पूरा करने की कोशिश करें, जीवन में मेरा उद्देश्य है...। इससे पसंदीदा काम दिनचर्या में शामिल करने से काम के प्रति आपका समर्पण बढ़ेगा।

खुद को व्यक्त करें

अधिकारियों व सहयोगियों के सामने अपने विचार खुलकर व्यक्त करें। संस्था के उद्देश्य और काम के तरीकों पर अगर मन में प्रश्न है, तो उनका समाधान कर लें। यह आपके लिए काम को मूल्यवान बनाने में मदद करेगा।

फिर तय करें प्राथमिकताएं

अगर ज़िंदगी अपने ढंग से जीना चाहते हैं, तो यह जानना बहुत जरूरी है कि आपके लिए सबसे मूल्यवान क्या है? आपका परिवार, काम या कुछ और? आखिरी बार आपने कब अपनी प्राथमिकताओं के बारे में गंभीरता से सोचा था? व्यस्तता के कारण अक्सर हम वह करना भूल जाते हैं, जो हमें खुशी देता है। अपने पसंदीदा कार्यों पर फिर से सोचें। क्या पता, किसी ऐसे शौक या जरूरत से टकरा जाएं, जो व्यस्तता के चलते कहीं खो गया था।

समय का सदुपयोग सीखें

आपका कितना समय अपने उद्देश्य तक पहुंचने के कार्यों में खर्च होता है? निरर्थक कार्यों में आपका कितना वक्त व्यर्थ जाता है? उन कार्यों की सूची बनाएं, जो दिन-भर में खत्म करने हैं। फिर उनकी महत्ता के अनुसार उन्हें पहला या अंतिम स्थान दें। समय का सदुपयोग खुद पर संयम बनाए रखने में आपकी मदद कर सकता है, जिससे काम के प्रति आपका लगाव बढ़ेगा।

पसंदीदा काम पहले करें

पसंदीदा कामों को पहले करने से काम के प्रति आपके जोश में वृद्धि होगी और आपका काम आपका शौक बन जाएगा। अगर आप टीम में काम कर रहे हैं, तो आप अपने सहकर्मियों के बीच काम सबकी प्रतिभा अनुसार बांटे। कोशिश करें कि हर शख्स की क्षमता का पूरा इस्तेमाल करते हुए उद्देश्य तक पहुंचा जा सके।

बदलाव को स्वीकार करें

आपने आखिरी बार कब कोई नई चीज सीखी थी? ज्ञान और आत्मविश्वास का संतुलन हमेशा सकारात्मक होता है। खाली समय में कार्य से संबधित किताबें पढ़ें और अधिक जानकारी जुटाने की कोशिश करें। ऐसे लोगों से मेल बढ़ाएं जिनसे आप कुछ सीख सकें और जो आपको सही राय दें।

जो है, उसकी कद्र करें

अपने वर्तमान काम में आप जिन चीजों को पसंद करते हैं, उन्हें क्रमबद्ध

करें। कंपनी में अपने पहले दिन के बारे में सोचें। तब किन चीजों को लेकर आप सबसे अधिक उत्साहित थे? वह उत्साह आप वापस कैसे पा सकते हैं? आपका काम त्रुटिहीन भले ही न हो, पर आप कोशिश करके उसे ऐसा बना सकते हैं। बस, काम के सकारात्मक पहलुओं पर ध्यान दें और अंत में, अगर आप जीवन से प्यार करेंगे, तो उसकी राह में आने वाली हर चीज से प्यार कर सकेंगे और अपने काम से भी आपको प्यार हो जाएगा।

■■■

46

मन को एकाग्र करें

'जीवन में एकाग्रता से कमजोर व्यक्ति भी महाबली बन जाते हैं और अभ्यास से अज्ञानी भी विद्वान। जो एकाग्रता नहीं रखते उनकी शक्तियां बिखर जाती हैं। उन्हें कुछ नहीं मिलता।'

–इमर्सन

कहते हैं मन बड़ा ही चंचल होता है, लेकिन फिर भी व्यक्ति को मन की एकाग्रता सुनिश्चित करनी चाहिए। महाभारत युद्ध के समय भगवान श्री कृष्ण ने अर्जुन से पूछा कि सबसे बलवान कौन है? अर्जुन ने उत्तर दिया कि दुनिया में सबसे बलवान मन है। मन को वश में करना सबसे कठिन कार्य है। खास तौर से मन को एकाग्र करना। एकाग्रता का अर्थ है, आप एक ही सत्य के लिए ग्रहणशील हैं। वर्तमान विचारक हर सकारात्मक चीज के लिए ग्रहणशील होता है। आपके चारों ओर बहुत-सी सकारात्मक और नकारात्मक चीजें हैं। आपको एकाग्रता के साथ अनावश्यक चीजों को अंदर आने नहीं देना है। जैसे आप मच्छरदानी लगाते हैं, क्योंकि आप मच्छरों से बचना चाहते हैं। आपको नुकसान पहुंचाने वाली चीजें नहीं चाहिए। मच्छरों से बचने के अलावा आपको ऑक्सीजन चाहिए तो आप उसके लिए मच्छरदानी में छेदों की व्यवस्था करते हैं। ऑक्सीजन आपको जिंदा रखती है, आपको जिंदा रहना है, जिंदा महसूस करना है। एकाग्र होकर आपको यह सोचना है कि आपको क्या चाहिए और क्या नहीं चाहिए? एकाग्रता जो एकनाथ के पास थी, वे सेवा में एक ही चीज के प्रति एकाग्र थे। एकलव्य ने एकाग्रता की वजह से धर्नुविद्या सीखी। एकलव्य ने गुरु की मूरत सामने रखकर अपनी ग्रहणशीलता बनाए रखी। मीरा एकतारा बजाती थी, क्योंकि

वे एक ही सत्य के प्रति ग्रहणशील थी। इसे कहते हैं एकाग्र विचारक बनना वरना इंसान दोहरा विचारक ही रहता है। दोहरा विचारक यानी जो दुविधाग्रस्त है, दो विपरीत विचारों की दुविधा में फंसा हुआ है। उसे बहुत तकलीफ है क्योंकि अभी-अभी उसे लग रहा था, मैं यह काम करूंगा, फिर दूसरा विचार आने पर वह सोचता है कि यह काम कल करेंगे। जो दोहरे व्यक्तित्व वाले लोग होते हैं, वे कार्य कल पर छोड़ते हैं । ऐसे लोगों में एकाग्रकता नहीं होती है । उन्होंने अपने जीवन में तय नहीं किया होता है कि वे क्या चाहते हैं? जो लोग एकाग्र विचारक बन जाते हैं, उनकी अनेक समस्याएं सुलझ जाती हैं।

एकाग्र विचारक बनें, अखंड जीवन जिएं

इंसान दुविधाग्रस्त होने की वजह से दुःखी रहता है, क्योंकि उसका मन यह निश्चित नहीं कर पाता कि सर्वप्रथम कौन-सा कार्य करे? दो कार्यों में झूल रहा मन एक बार फिर चंचल हो जाता है, जब उसे तीसरा विचार आकर रोक देता है। इस तरह बहुत से लोग अनेकों व्यक्तित्व के साथ जीते हैं। जिन लोगों का भाव अलग होता है। विचार अलग होते हैं। वाणी से लोगों के सामने वे कुछ अलग कहते हैं, काम कुछ अलग ही करके आते हैं। जिनका संबंध न भाव से था, न विचार, न वाणी से, ऐसे लोगों का जीवन खंडित होता है। किस कार्य के लिए आप गए और क्या करके लौटे? कौन-सा सिनेमा देखने गए थे और कौन-सा देखकर आ गए।

अब आपको एकाग्र विचारक बनना है। रेडियो पर आपने विविध भारती की ट्यूनिंग की है, तो आप वही सुनते हैं। विविध भारती में प्रोग्राम तो विविध हैं, मगर हमें तय किए हुए समय पर विशेष कार्यक्रम ही सुनना है।

जब एकाग्र विचारक होने का अनुभव शुरू होगा, तब सच्चाई व अच्छाई आपके अंदर आएगी। जब आप लोगों से बातचीत करते हैं, तो आपके अंदर क्या चलता है? क्या आप यह सोचते हैं कि सामने वाला कब बोलना बंद करे तो मैं कुछ कहूं? कुछ लोग बिना सांस लिए बोलते ही चले जाते हैं और सामने वाला पूरी तैयारी करके बैठता है कि कब ये चुप हो तो मैं बोलूं। देखने वाले को लगता है कि सुनने वाले लोग कितने ग्रहणशील हैं, कितने ध्यान से सब सुन रहे हैं, परंतु वे कुछ नहीं सुनते हैं। उनके मन में वार्तालाप ही चलता है। वार्तालाप के दौरान इतनी देर उसका मन कहां था? एकाग्रता कहां थी? उसके अंदर कुछ भी नहीं गया।

बुढ़िया और गाजर की कहानी

एक बुढ़िया के मरने के बाद जब उसका हिसाब-किताब देखा गया, तो उसे कहा गया कि तुमने कोई पुण्य नहीं किया है इसलिए तुम नरक में जाओगी। बुढ़िया ने कहा कि 'मैंने एक पुण्य किया है, मैंने एक बार एक गाय को गाजर खिलाई थी। उससे कहा गया कि अच्छा! फिर गाजर को बुलाओ, वही तुम्हारी मदद करेगी। ऐसी कहानियां हमें कुछ समझाने के लिए होती हैं इसलिए कहानियों में न उलझें, बल्कि उनके पीछे अर्थ को समझने की कोशिश करें। गाजर उड़ते हुए वहां आई तो बुढ़िया से कहा गया कि उस गाजर से लटक जाओ, वह स्वर्ग जा रही है। अगर तुम अपने आपको संभाल पाईं, तो इस पुण्य की वजह से स्वर्ग में पहुंच जाओगी। बुढ़िया उस गाजर को पकड़कर लटक गई और स्वर्ग की ओर जाने लगी। रास्ते में उसे जो भी मिला, उसने भी बुढ़िया की टांग पकड़ ली कि लगे हाथ हम भी स्वर्ग पहुंच जाएंगे। इस तरह एक के बाद एक बुढ़िया के सहारे कई लोग गाजर को पकड़कर एक दूसरे के नीचे लटकते जा रहे थे। जब उस बुढ़िया ने नीचे देखा कि इतने सारे लोग उसकी वजह से स्वर्ग जा रहे हैं, उसने कहा, छोड़ो, यह मेरी गाजर है। बुढ़िया के ऐसा कहते ही गाजर नीचे गिर पड़ी, गाजर की ताकत ही खत्म हो गई। हालांकि, स्वर्ग में जाने की ताकत उस गाजर में थी। मगर बुढ़िया ने जैसे ही 'मेरी' शब्द जोड़ा, मैंने पुण्य किया था। तब गाजर की सारी ताकत ही खत्म हो गई। गाजर के नीचे गिरते ही वे सब लोग भी नीचे गिर गए, जो उसको पकड़े हुए थे। उस गाजर से कितना बड़ा चमत्कार हो सकता था, मगर नहीं हुआ। बुढ़िया का जब अहंकार जागृत हुआ, तब वह स्वर्ग से वंचित रह गई।

मन के पास विविधता है, उसे यह भी चाहिए और वह भी चाहिए। मन के पास हजारों चीजें है। इंसान दुविधाग्रस्त होकर ही पूरा जीवन काट लेता है। इसलिए उसके जीवन में चमत्कार नहीं होता। चमत्कार होने ही जा रहा था, तो दूसरा विचार पनपना शुरू हो जाता है। पानी से भाप बनने ही वाली थी कि स्टोव बंद कर दिया। जिंदगी-भर इसी कारण इसी तरह जीवन में भी कुछ नहीं हुआ।

मनन करें

1. एकाग्र विचारक लक्ष्य के प्रति एकाग्र होना। एकनाथ, एकलव्य जैसे लोग अपने लक्ष्य के प्रति समर्पित थे। एक ही के प्रति ग्रहणशील थे।
2. दुविधाग्रस्त (डबल माइंडेड) यानी एक साथ अनेक बातों पर सोचने वाला

विचारक। वह एक निर्णय नहीं ले पाता है और हमेशा परेशानियों में ही जीता है।

3. विस्मृतिग्रस्त यानी उस इंसान को सही तरह से बातें याद नहीं रहतीं। हमें विस्मृतिग्रस्त से एकाग्र विचारक बनकर सही विकल्प को ही ग्रहण करना है।
4. दोहरे विचारक के भाव, विचार, वाणी और क्रिया में कोई तालमेल नहीं होता है।
5. चंचल मन को काबू में करने के लिए एकाग्र विचारक बनें। एकाग्र विचारक होकर ही आप सत्य आत्मसात कर पाएंगे।

■■■

47

व्यक्तित्व को संवारें

'अपने घोंसले में रखे अंडों की रक्षा के लिए नन्हीं चिड़िया भी निरंतर उसे संवारती और बनाती रहती है। फिर क्यों कुछ मनुष्य अपने जीवन को भाग्य भरोसे छोड़ देते हैं?'

–सुकरात

कहते हैं कि काबिल होना जितना जरूरी है, उससे कहीं ज्यादा जरूरी है काबिल दिखना। यह सच भी है क्योंकि रोजगार की तलाश में निकले शिक्षित युवाओं को जितनी मेहनत लिखित परीक्षा और उसकी तैयारी के संदर्भ में करनी पड़ती है, उससे कहीं ज्यादा सावधानी उन्हें साक्षात्कार के दौरान बरतनी पड़ती है।

प्रत्येक नियोक्ता, कंपनी अथवा उपक्रम यानी साक्षात्कार समिति यह जरूर देखती है कि संबंधित पद के लिए वह जिस अभ्यर्थी का चयन कर रही है, वह उसके लिए कितना उपयुक्त है? उसका व्यक्तित्व कैसा है यानी देखने में कैसा है? उसकी भाषा शैली कैसी है? वगैरह-वगैरह! इसलिए प्रत्येक अभ्यर्थी को अपने व्यक्तित्व के विभिन्न पहलुओं पर विशेष ध्यान देना चाहिए। आपका व्यक्तित्व न सिर्फ दूसरों के सामने आपको प्रभावी बनाता है, बल्कि आपकी सफलता भी सुनिश्चित करता है। इसके लिए आपको निम्न बिंदुओं पर अवश्य ध्यान देना चाहिए -

अहम पूंजी है आत्मविश्वास

आपके व्यक्तित्व पर आत्मविश्वास की स्पष्ट छाप होनी चाहिए। कहने का मतलब यह है कि आपकी प्रत्येक गतिविधि में आपका आत्मविश्वास झलकना चाहिए। आत्मविश्वास आपकी सबसे अहम पूंजी है। आपके चेहरे पर झलकने

वाला आत्मविश्वास सामने वाले को महसूस करा देता है कि आप अपने लक्ष्य के प्रति कितने सजग और प्रयत्नशील हैं। अपने काम के प्रति आपकी लगन और समर्पण का पैमाना क्या है? साक्षात्कार के समय नियोक्ता कंपनी या उपक्रम के प्रतिनिधि अभ्यर्थी के समूचे व्यक्तित्व का आकलन करते हैं। वे यह जानने-समझने की पूरी कोशिश करते हैं कि संबंधित पद के लिए जो भी अभ्यर्थी उनके सामने बैठा है, वह कार्य निष्पादन के वक्त आने वाली चुनौतियों का सामना करने के योग्य है अथवा नहीं।

चलने-बैठने का तरीका

अधिकांश लोग काबिल और अपने क्षेत्र में पारंगत होते हैं, लेकिन उनके उठने, बैठने और चलने का तौर-तरीका कुछ अजीबो-गरीब होता है। करियर बनाने की दिशा में प्रयासरत युवाओं के लिए यह बात बेहद नुकसान देह है। कब और कैसे बैठना-उठना है तथा बाहर आना है आदि बिंदु आपके लिए खास महत्वपूर्ण हैं। इनका भली-भांति ध्यान रखना चाहिए। चलने, बैठने और उठने के सभ्य तरीके आपके व्यक्तित्व में चार चांद लगाते हैं इसलिए सारी बातों के साथ इस बिंदु पर भी पर्याप्त ध्यान दिया जाना चाहिए।

दबा-दबा सा न हो बोलचाल का लहजा

कुछ युवाओं में अक्सर एक कमी यह पाई जाती है कि वे अपने विषय में पारंगत तो होते हैं, उनके सामान्य ज्ञान का स्तर भी अच्छा होता है, लेकिन बोलचाल का उनका हल्का और दबा-दबा सा लहजा उनकी सारी काबिलियत को धो देता है। बातचीत के दौरान आधी बात उनके मुंह में ही रह जाती है। हकलाहट की बीमारी न होते हुए भी जवाब देते समय उनकी जुबान लड़खड़ाने लगती है और सारे किए धरे पर पानी फिर जाता है। इस स्थिति से बचना चाहिए। अगर आपके साथ भी कुछ ऐसा है, तो आप स्वयं प्रश्नोत्तर बनाकर उनका अकेले में अथवा अपने मित्रों के साथ अभ्यास कर सकते हैं। इससे आपकी झिझक खत्म होगी और आप अपनी बात सहज भाव से सबके सामने रख पाएंगे।

भाषा पर रखें पकड़

साक्षात्कारकर्ता के साथ बातचीत करते समय आप चाहे जिस भी भाषा (हिन्दी/अंग्रेजी) का प्रयोग करें लेकिन इतना ध्यान रखें कि उस भाषा पर आपकी पूरी पकड़ हो। भाषा पर आपकी पकड़ आपकी स्थिति मजबूत करती

है। मिश्रित भाषा का प्रयोग करते समय आपको यह ध्यान रखना होगा कि किस जगह किस भाषा या शब्द का प्रयोग उचित है।

साक्षात्कार हो या सामान्य जीवन की दैनिक बातचीत, अधकचरी भाषा का प्रयोग आपके व्यक्तित्व को कमजोर करता है। सामने वाला यह सोचने पर विवश हो जाता है कि आपको संबंधित भााषा का ज्ञान नहीं है, बस आप सिर्फ हांके जा रहे हैं। बाद में यानी पीठ पीछे लोग ऐसे शख़्स की खिल्ली उड़ाने से भी बाज नहीं आते इसलिए जरूरी है कि हम या आप उसी भाषा का प्रयोग करें, जिसकी हमें या आपको पूरी जानकारी हो।

व्यक्तित्व के निर्धारण में पहनावा है खास

बतौर पोशाक आप क्या पहनना अधिक पसंद करते हैं, यह बिंदु आपके व्यक्तित्व के निर्धारण में अहम भूमिका निभाता है। आम तौर पर साक्षात्कार के लिए जाते समय लोग कमीज, पैंट और टाई का प्रयोग करते हैं। सर्दियों में सूट को भी तरजीह दी जाती है, लेकिन यह जरूरी नहीं है कि आप टाई बांधे ही, बल्कि सिर्फ कमीज-पैंट भी पहना जा सकता है। कहने का आशय यह कि कभी-कभी कुछ युवा टाई में खुद को असहज महसूस करते हैं। साक्षात्कार में पहनावे की शर्त महज इतनी होती है कि वे ऑफिस वीयर हों। सिर्फ कमीज और पैंट में आप खुद को पूर्ण महसूस कर सकते हैं। इस तरह पोशाक आपका ध्यान भंग नहीं कर सकेगी और ना ही साक्षात्कारकर्ता का ध्यान बांट सकेगी इसलिए साक्षात्कार पर जाते समय ऐसी पोशाक का चयन करें, जिसमें आप खुद को सहज महसूस करें। ■■■

48

सृजनशील होना जरूरी है

'जज्ञानो हत्थो बभथ' *अर्थात् जो गुणवान हैं उनकी सदैव प्रशंसा होती है। गुणविहीन व्यक्ति का कहीं आदर नहीं होता।* – **ऋग्वेद**

जब हम बच्चे होते हैं, तो स्वतः सृजनशील होते हैं, तब हमारे मनोवेग स्वच्छंद दौड़ते हैं। जैसे-जैसे हमें नियमों के अनुसार चलना सिखाया जाता है, हमारी विचारशीलता सिमटती जाती है। हमारी कल्पनाओं पर नियमों की सीमाएं आने लगती हैं।

सौभाग्य से सृजनशीलता कोई रहस्यमय प्रक्रिया नहीं है। नोबेल पुरस्कार विजेता स्वास्थ्य विशेषज्ञ अलबर्ट जेंत ग्योर्गी ने सृजनशीलता के एक महत्त्वपूर्ण गुण की अच्छी व्याख्या की है– "अन्वेषण का अर्थ है वह सब देखना, जो सबने देखा है और वह सब सोचना जो किसी ने सोचा नहीं है।" 'जो किसी ने नहीं सोचा' इसे हम किस तरह लें? क्या कुछ अचानक घटता है जैसा सर आइज़ाक न्यूटन के साथ हुआ। एक सेब जब गिरा, तो वे गुरुत्वाकर्षण के नियमों के प्रति सचेत हो उठे। ये सृजनात्मक मोड़ कभी भी आ सकते हैं। नौकरी छूटने से लेकर किसी आकस्मिक फैसले तक कभी भी। ऐसी स्थिति में अगर हम मस्तिष्क के तारों को बार-बार कुरेद रहे होते हैं, तो नई सूझ-बूझ के साथ सोचना सहज हो उठता है। ये आठ सामान्य कथन सृजनशीलता का पाठ समझाते हैं।

1. सही जवाब की खोज करो

स्कूल में पहले ही दिन हमें पढ़ाया जाता है कि हर सवाल का एक सही जवाब होता है, लेकिन कई ऐसे विषय हैं, जो इसके अपवाद हैं। जैसे इसी प्रश्न

को ले लीजिए, 'अब मैं क्या करूं, नौकरी तो रही नहीं?' सीधा-सा उत्तर है- 'कोई दूसरा काम तलाशो।' इसी का दूसरा उत्तर है – 'स्कूल में फिर से दाखिल हो जाओ और कोई नया हुनर सीख लो।' और तीसरा उत्तर भी है 'निजी कारोबार शुरू करो।'

जैसे ही आप दूसरे जवाब पर गौर करने लगेंगे, आपको नए विचार सूझेंगे और अपेक्षित उत्तर मिल जाएगा। फ्रांसीसी विचारक इमाइल ने कहा है, 'यदि आपके पास एक से अधिक युक्ति होती है, तो आप सुरक्षित हैं, जब हमारे पास एक ही युक्ति होती है, तो उससे अधिक खतरनाक कुछ नहीं होता।'

2. यह तो ठीक नहीं लगता

कठोर और संकीर्ण तर्कशील वैचारिकता नए विचारों के लिए घातक हो सकती है, क्योंकि यह विपरीत लगने वाले विकल्पों का सफाया करती चलती है। खुली वैचारिकता की भूमि पर ही नए विचार तेजी से अंकुरित होते हैं, जो विभिन्न वस्तुओं और स्थितियों में समानताओं और संबंधों का समाधान पाते हैं।

एक प्रबंधक अरसे से पूरी तार्किकता के साथ सोचता आ रहा था कि उसकी कंपनी में क्या गलत चल रहा है। समस्या का समाधान उसे तब मिला जब यह उक्ति उसके सामने आई। 'हमारी कंपनी ऐसे जहाज की तरह है जिस पर किसी का उत्साह बढ़ाने या मनोरंजन का कोई साधन नहीं है। नतीजा? कुछ लोग तो पूरी गति से पतवार चला रहे हैं, कुछ आधी गति से और कुछ बिल्कुल बेजान।' प्रबंधक ने आखिर खुद को ही इस भूमिका ढाल में लिया। सारा काम ठीक ढंग से चलने लगा।

3. नियम बनाइए, बदलिए

नई सोच अथवा नए विचार के लिए कई बार आपको वे नियम तोड़ने पड़ते हैं, जो आपको निरर्थक लगे। एक आदमी वीडियो गेम्स बनाता था। उसके मन में कुछ नया और दिलचस्प करने की सोच पनप रही थी। उसने एक नियम बनाया था कि खेल क्षेत्र की चौड़ाई 66 सेंटीमीटर ही उपयुक्त है। वह उसे बदलने के बारे में सोच भी नहीं सकता था। एक दिन उसने वैसे ही नियम तोड़कर 76 सेंटीमीटर की चौड़ाई को आधार मान लिया। वह फिर से नए काम में सफल हो गया। यदि आप अपने काम में ऐसी दक्षता ला सकते हैं कि आप स्वयं के बनाये नियमों को बदल सकें तो कमाल ही हो जायेगा।

4. व्यावहारिक होना जरूरी है

विचारों के अंकुरण के लिए संभावनाओं के विस्तृत क्षेत्र की आवश्यकता होती है। हमेशा व्यवहारिक पक्ष देखना बेकार है। इसके बजाय साहस से यह कोशिश करनी चाहिए कि नया क्या होगा?

एक रासायनिक पदार्थ बनाने की कंपनी के इंजीनियर ने अपने सहकर्मियों को यह कहकर चौंका दिया, 'अगर हम अपने इमारती रंग में बारूद मिला दें, तो कैसा रहे? वर्षों बाद जब रंग की परत उखड़-उखड़कर गिरने लगेगी, तो उसे केवल माचिस दिखाकर उड़ा सकते हैं।' तय है कि इस तरह के रंग से मकान जल सकता है, लेकिन यह इंजीनियर तो विचारशील व्यक्तियों के साथ बातचीत कर रहा था, जो उसकी अव्यवहारिकता को ताक पर रखकर गंभीरता से सोचने लग गए थे। इसी क्रम में उन्हें अचानक एक ऐसा मसाला बनाने की बात सूझी जिसे सक्रिय करके बाद में रंग को दीवारों से छुड़ाया जा सके। वह कंपनी इसी पद्धति के विकास में लग गई।

5. मूर्ख तो नहीं बन रहे?

हमें केवल लतीफेबाजी और मूर्ख बनने के विपरीत सिखाया जाता है। एक स्कूल में दसवीं कक्षा के 141 छात्रों को ख्याति प्राप्त हास्य अभिनेता की रिकार्डिंग सुनाई गयीं। जिन छात्रों ने वे मजेदार रिकार्डिंग्स सुनी, उन्होंने परीक्षा के दौरान महत्वपूर्ण ढंग से बेहतर उत्तर लिखे। चुटकुलेबाजी हमें परिस्थितियों के दोहरे अर्थ बता सकती है और दूसरे ही क्षण सामान्यत: चौंकाने वाले उत्तर भी प्रस्तुत कर सकती है।

मूर्ख बन जाना एक तरह का खेल है। अविष्कार की जननी अगर आवश्यकता है, तो खेल उसका जनक है। समस्या जब सामने आ खड़ी हो, तो इस खेल में अपने आपको खो देना चाहिए, अन्यथा जोखिम उठा लेना भी तो मूर्खता ही है। यह भी याद रखिए खेल में तो ठीक है, मगर जानबूझ कर और अपनी सफलता या साख की कीमत पर आपको कतई मूर्ख नहीं बनना चाहिए।

6. गलती नहीं होनी चाहिए

अगर आप कागज का विमान उड़ा रहे हों, तो भी अपने दिमाग पर नियंत्रण रखिए, वरना आपको उसमें भी मजा नहीं आयेगा। जब आप नए विचार की खोज में हों तो आप कार्ल यास्रगजेंस्की वाला रवैया अपनाएं। 1979 में जब बोस्टन में

संपन्न होने वाली बेसबाल प्रतियोगिता के इस सितारे ने 3000 हिट पूरे किए, तो एक रिपोर्टर ने उससे पूछा, 'क्या आपको यह भी नहीं पता कि इतने सारे लोगों की नजरें आपका दिमाग खराब कर सकती हैं?'

यास्त्राजेंस्की बोला, " अरे, मेरे भाई मैंने खिलाड़ी जीवन में दस हजार बार से अधिक बल्ला घुमाया है। इसका अर्थ हुआ कि मैं सात हजार बार से भी अधिक असफल रह गया। यही वह तथ्य है जो मुझे मानसिक असंतुलन से बचाए रखता है।"

वह जानता था कि सफलता और असफलता एक ही प्रक्रिया के दो अंग हैं। सर्जनात्मक प्रक्रिया में गलतियां मात्र सीढ़ी का काम करती हैं। आईबीएम के संस्थापक टॉमस जे वाटसन ने एक बार कहा था, 'अपनी विफलताओं से सीखना ही सफलता का मार्ग है।'

7. यह क्षेत्र मेरा नहीं है

विज्ञान की एक छात्रा एक नए सौर पदार्थ गेलियम आर्सेनाइड पर प्रयोगशाला में परीक्षण कर रही थी। तेज गति वाले आरी से वह उसे तराशने में लगी हुई थी, लेकिन जब भी ऐसा करने लगती, वह पदार्थ तिड़क जाता। घर लौटने पर उसने अपने पति को लकड़ी पर उसी तरह का कटाव करता पाया, तो उसने आरे की गति धीमी कर इस प्रयोग को पूर्ण किया। बाद में छात्रा ने गेलियम आर्सेनाइड पर भी वही तरीका आजमाया और कामयाब हुई।

सृजनशील वैचारिकता वाले व्यक्तियों के लिए विशेषज्ञ होना जरूरी नहीं है। उन्हें हर बात और विषय में रुचि रखनी चाहिए और यह ध्यान रखना चाहिए, कि एक क्षेत्र में प्राप्त ज्ञान किसी दूसरे क्षेत्र में उपयोगी सिद्ध हो सकता है। घर में हम पूरे सर्वज्ञतावादी और हरफनमौला होते हैं- रसोइया, सजावट विशेषज्ञ, अध्यापक, माली और नौकर, सभी कुछ एक साथ। अतः घर ही वह जगह है जहां से सृजनशीलता शुरू होनी चाहिए।

8. मैं क्या सृजन करूंगा?

हममें से अधिकांश लोग यह मानते हैं कि सृजनशीलता केवल कलाकारों और अविष्कारकों के लिए होती है, जो व्यक्ति सोचता है कि वह दैनिक जीवनचर्या में सृजनशील नहीं रहता, वह महत्त्वपूर्ण समस्याओं पर भी अपनी सृजनशीलता को कभी नहीं आज़मा सकता।

सृजनशीलता के लिए आत्म-गौरव की भावना आवश्यक है, क्योंकि नए विचार आपको अगुआ बनाते हैं। एक बार जब आप किसी विचार को क्रियात्मक रूप देने लगते हैं, तब असफलता और उपहास का जोखिम मोल लेने वाले व्यक्ति केवल आप ही होते हैं।

प्रबंधकीय परामर्शदाता राय हिलरज् ने कहा है- 'हमें परिवर्तन की जरूरत पड़ती ही है। ऐसा परिवर्तन जो आम लोगों की सामूहिक सृजनशील वैचारिकता से उत्पन्न हो। केवल गिने-चुने प्रतिभावानों के द्वारा नहीं।' ■■

49

दृष्टिकोण बदलेगा तो जीवन भी बदलेगा

सफलता, असफलता, सौभाग्य या दुर्भाग्य सब आपके कर्मों और प्रयासों पर निर्भर है।

–महात्मा गांधी

अक्सर हमें ऐसे लोग मिल जाते हैं, जिनके लिए जिंदगी बहुत तनावग्रस्त होती है। ऐसे लोगों को अपने जीवन में बस मुश्किलें ही नजर आती हैं। हर वक्त उन्हें लगता है कि वे ही दुनिया के सबसे दुःखी और परेशान प्राणी हैं। ऐसे अनेक लोगों को तो यह जिंदगी जीने के काबिल भी नहीं लगती।

यह सही है कि जिंदगी में दुःख-तकलीफों और परेशानियों से मुठभेड़ होती ही रहती है। ऐसा दुनिया के हर इंसान के साथ होता है। हर आदमी की अपनी-अपनी परेशानियां होती हैं। जब तक ये जीवन है, तब तक ये मुसीबतें तो रहेंगी ही। ऐसे में क्या करें, चलिए जानते हैं।

योद्धा बनें

अगर हम अपना नजरिया ऐसा बना लें कि हम सैनिक हैं और हमें परेशानियों, मुसीबतों और मुश्किलों रूपी दुश्मन को खत्म करना है, तो हमारी जिन्दगी बहुत हद तक बदल सकती है। अपने व्यक्तित्व में मुसीबतों से लड़ने और उन पर विजय पाने की भावना बना लें। हम कठिनाइयों से भागेंगे नहीं, बल्कि डटकर उनका मुकाबला करते हुए उन पर जीत हासिल करेंगे।

उनकी जगह अगर आप होते तो

लोग अक्सर यही सोचकर परेशान होते हैं कि ये मुसीबतें हमारे ही हिस्से में क्यों? बेहतर होगा यदि यह सोचा जाए कि हमारी जगह और कोई व्यक्ति होता तो वह ऐसे हालात में क्या करता? ऐसा सोचने पर आपकी कल्पना में ऐसे दृश्य उभरने लगेंगे, जिनमें उस व्यक्ति ने उस मुश्किल का कोई-न-कोई हल निकाल लिया होगा। ऐसा सोचने से आपको बल मिलेगा, तब आप यह सोच सकते हैं कि अगर वह व्यक्ति इस मुसीबत से निकल सका है, तो मैं क्यों नहीं निकल सकता?

मुश्किलें तो आएंगी

अगर समस्याओं की अपेक्षा की जाए, तो जीवन की आधी से ज्यादा समस्याएं तो यूं ही हल हो जाएंगी। अजीब है न! लेकिन वाकई में अगर यह सोचा जाए कि समस्या को तो रहना ही है और इनकी मौजूदगी में ही हमें मंजिल को पाना है, तो हमारे सोचने का तरीका काफी हद तक आशावादी हो जाएगा।

समस्या को हौवा न बननें दें

समस्या के आने से पहले ही उनके बारे में सोच-सोचकर उन्हें बड़ा बनने का मौका न दें। आने वाली मुसीबतों से बचने के लिए पहले से ही कोई उपाय सोचकर रखना कोई गलत बात नहीं, पर मुसीबतों के आने से पहले ही हरदम उनके बारे में सोच-सोचकर अपने आज को बिगाड़ लेना भी ठीक नहीं। आने वाली मुसीबतों के बारे में यह सोचिए कि जब मुश्किल आएगी, तब देखा जाएगा। अभी से उनकी चिंता क्यों करें? हो सकता है कि वे मुसीबतें आपके जीवन में कभी आएं ही न।

मुश्किलों को अलग-अलग करके हल करें

अपनी सारी मुश्किलों के बारे में एक साथ सोचेंगे, तो इससे मुश्किलें और भी बढ़ने लगेंगी इसलिए इन्हें एक-एक करके हल करने की कोशिश कीजिए। ऐसा करने से आप अपनी कठिनाइयों का बेहतर समाधान पा सकेंगे।

तो आइए अपनी परेशानी के प्रति अपना दृष्टिकोण बदलें। दृष्टिकोण बदलेगा तो जीवन भी बदलेगा। ■■■

50

तैयार रहिए

'दिमाग पैराशूट के समान है, वह तभी काम करता है, जब खुला हो।'
–जेम्स रेवर

सफलता सभी को अच्छी लगती है। सफलता प्राप्त करने के बाद व्यक्ति गर्वित महसूस करता है और यहीं से आत्ममुग्धता का रास्ता भी खुलता है। अगर इस रास्ते पर चल पड़ें, तब व्यक्ति का स्वयं की बुराइयों या कमियों की तरफ ध्यान ही नहीं जाता। वह यह सोचने लगता है कि उसने जो प्राप्त किया है वह सर्वश्रेष्ठ है।

जो ज्ञान उसके पास है उससे बढ़कर उसे ज्ञान लेने की जरूरत ही नहीं है। ऐसे में कई बार जब नौकरी में तरक्की की बारी आती है, तब किसी दूसरे को प्रमोशन देने के बाद व्यक्ति को अहसास होता है कि शायद स्वयं में कुछ कमी है। चलिए इसे एक छोटी–सी कहानी के माध्यम से समझते हैं।

दो दोस्त कॉलेज की पढ़ाई करने के बाद एक बड़े डिपार्टमैंटल स्टोर में नौकरी करने लगे। दोनों खूब मेहनत करते थे। दोनों समय से पहले पहुंचते थे और देर रात तक काम करते रहते थे। वहां खरीददारी करने वाले ग्राहकों से भी उनके अच्छे सबंध हो गए थे। दोनों को विक्रय प्रतिनिधि का पद दिया गया था और उसी अनुसार उनका वेतन भी था।

लगभग दो वर्ष बाद मालिक को लगा कि दोनों ने लगातार अच्छी मेहनत की है और उनके वेतन और पद में बढ़ोत्तरी करनी चाहिए। उसने उन दोनों को बुलाया, और उनमें से पहले दोस्त को कहा कि तुम्हें विक्रय प्रतिनिधि ही रखा गया है और वेतन में दो हजार रुपए की बढ़ोत्तरी की गई है। दूसरे को बुलाया और कहा कि तुम्हें प्रबंधक बनाया जाता है, साथ ही पांच हजार की बढ़ोत्तरी की जाती है।

पहला दोस्त जब दूसरे से बातचीत करता है, तब काफी दु:खी होता है कि वह मेहनत उतनी ही करता था। बावजूद इसके उसका वेतन भी कम बढ़ा और पद भी नहीं बढ़ा। वह अपनी शिकायत लेकर मालिक के पास गया।

मालिक पहले से तैयार था। उसने दोनों को अपने केबिन में बुलाया है और शिकायत करने वाले से कहा है कि जाओ बाजार में यह पता करके आओ कि एक किलो तरबूज का क्या भाव है। वह बाजार गया और वापस आकर बोला है कि 20 रुपए किलो। फिर स्टोर मालिक ने दूसरे को भेजा।

दूसरे ने आकर कहा कि तरबूज 20 रुपए किलो बिक रहा है और अगर ज्यादा संख्या में तरबूज खरीदेंगे, तो 15 रुपए किलो भी मिल सकता है। जो व्यक्ति 15 रुपए किलो में बेच रहा है उसके पास अभी 340 से ज्यादा तरबूज हैं, जो काफी अच्छी गुणवत्ता वाले हैं। यह जवाब सुनकर पहले दोस्त ने दूसरे को बधाई दी और अपनी कमी को समझ लिया।

दोस्तों। यह बात जान लेनी चाहिए कि समय रहते स्वयं को प्रतिस्पर्धा की दौड़ में आगे बढ़ाने के लिए हमें नए ज्ञान को अपनाना ही होगा, तभी तरक्की भी होगी। बदलाव को स्वीकार करने में ही समझदारी है। अगर आप मेहनत पर विश्वास करते हैं, तब यह और भी अच्छी बात है।

मेहनत सही दिशा में हो रही है या नहीं, इस बात की ओर ध्यान देना भी उतना ही जरूरी है जितना मेहनत करना। नौकरी में तरक्की न होने को लेकर शिकायत करना काफी आसान काम है, पर क्यों नहीं हो रही? इसके बारे में भी एक बार सोचा जाना चाहिए। अगर आपने स्वयं की कमियों को जान लिया तब निश्चित रूप से उसमें सुधार करने का रास्ता भी अपने आप निकल आएगा।

■■■

51

जोखिम तो उठाना ही पड़ता है

'जिसने जोखिम नहीं लिया, उसे न कारोबार में कुछ हासिल होता है और न ज़िंदगी से।'

–शेख़ सादी

हमारा मन बड़ा ही अजीब होता है। वह किसी भी परिस्थिति को लेकर अलग-अलग तरह के विचार आपके सामने रख देता है। इनमें से कई विचार जोखिम भरे रहते हैं। इन विचारों की तरफ हम ध्यान नहीं देते। सफल व्यक्ति वही होता है, जो इस तरह के विचारों को भी ध्यान में रखता है और जब परिस्थितियां इस प्रकार की आती हैं, तो उन्हें अमल में लाता है।

यह बात सच है, लेकिन इस जोखिम को उठाने की हिम्मत करना प्रत्येक के बस की बात नहीं हैं। इस कारण जोखिम उठाने के अवसर को अपने हाथ से जाने नहीं देना चाहिए।

जिंदगी में ऐसे कई मौके आते हैं, जब आप जोखिम उठाने से पीछे हटे हैं और बाद में आपको यह अहसास होता है कि काश! मैं उस समय सही निर्णय ले पाता। यह बात अक्सर सभी के साथ होती है, इस कारण सही समय पर सही जोखिम उठाने में कोई बुराई नहीं है और न ही इससे आपके करियर पर असर पड़ेगा।

कई बार केवल आलस के कारण हम जोखिम उठा नहीं पाते। अक्सर दिनचर्या में ही छोटे से परिवर्तन के लिए व्यक्ति तैयार नहीं रहता, लेकिन इसके बावजूद अगर कोई सही समय पर जोखिम ले लेता है, तब उसके परिणाम अच्छे ही मिलते हैं।

आइए जानते हैं एक छोटी-सी कहानी के माध्यम से कि किस प्रकार जोखिम उठाया जाता है। एक बार एक अंधा व्यक्ति सड़क किनारे खड़ा था। वह राह देख रहा था कि कोई आने-जाने वाला उसे सड़क पार करवा दें। इतने में एक व्यक्ति ने उसके कंधे पर हाथ रखा और कहा कि कृपया मुझे सड़क पार करवा दें, मैं अंधा हूं। पहले अंधे व्यक्ति ने दूसरे अंधे व्यक्ति का हाथ अपने हाथ में लिया और दोनों ने सड़क पार कर ली।

दरअसल पहला अंधा व्यक्ति जाज पियानिस्ट जार्ज थे। उन्होंने अपने अनुभवों में यह बताया कि वह मेरी जिंदगी का सबसे खुशनुमा पल था, जब मैंने एक अंधे व्यक्ति को सड़क पार करवा दी। उनके अनुसार जिंदगी में ऐसे मौके आते हैं, जब हमें जोखिम लेना पड़ता है और ऐसे समय जोखिम ले लेना चाहिए। इससे दूसरों पर निर्भरता भी घटती है और हमारा आत्मविश्वास भी बढ़ता है।

■■■

52

आधी-अधूरी कोशिशों से बचें

'प्रयत्न देवता है और भाग्य दैत्य इसलिए प्रयत्न देव की उपासना करना ही श्रेयस्कर है।'

–समर्थ गुरु रामदास

कोशिश करने वालों की कभी हार नहीं होती। इस कविता को हम बचपन से लेकर अब तक कई बार पढ़ चुके हैं। कविता का संदेश स्पष्ट है कि हमें कोशिश करते रहना चाहिए। प्रश्न उठता है कि इस कोशिश को आपने किस स्तर पर किया है? क्या आपने सिर्फ दिखावे के लिए प्रयत्न किए और उसे अपनी कोशिश बताया?

अक्सर यह देखने में आता है कि युवा साथी अपनी काबिलियत नहीं होने के बाद भी केवल दोस्तों को दिखाने के लिए और परिवार वालों की बात रखने के लिए नाकाम कोशिशें करते रहते हैं और मूल मुद्दे को अनदेखा करते हैं। आइए इस बात को एक छोटी-सी कहानी से समझते हैं।

जंगल के राजा शेर को एक बार इस बात का अहसास हुआ कि उसकी अब उम्र हो चुकी है और अब राजा के पद पर नहीं रहना चाहिए। शेर के इस निर्णय को लेकर जंगल-भर में चर्चाओं का दौर आरंभ हो गया। सभी अपनी तरह से कयास लगाने लगे। शेर ने कुछ समय बाद घोषणा कर दी कि अब जंगल का राजा बंदर होगा।

शेर ने अपने निर्णय के पीछे तर्क यह दिया कि बंदर दिन-भर जंगल में घूमता रहता है और उसे पूरे जंगल की जानकारी भी है। बंदर इस निर्णय से बहुत खुश हुआ। बंदर ने राजा का पद ले लिया और राजा की तरह वह जंगल में घूमने लगा। एक दिन एक बकरी हांफती हुई बंदर के पास आई और उससे कहने लगी- 'ओ जंगल के राजा, मेरे बच्चे को बचाओ। उसे शेर ने पकड़ लिया है।'

बंदर काफी जोश में भर गया और अपने राजा होने के नाते वह बकरी से बोला– 'तुम मेरे साथ चलो। मैं देखता हूं। यह जंगल में क्या हो रहा है? बंदर जैसे ही घटना स्थल पर पहुंचा, शेर बकरी के बच्चे को अपने पंजे में दबाए था और बस खाने ही वाला था। बकरी दूर ही खड़ी थी और बंदर शेर के आस–पास के पेड़ों पर लगातार उछल–कूद करने लगा।

वह काफी जोश में भरा था। कुछ समय तक बंदर को इस तरह से उछल–कूद करते देख बकरी को गुस्सा आ गया। वह बंदर के पास जाकर बोली– 'राजा आप क्या कर रहे हैं? शेर मेरे बच्चे को खा जाएगा। कुछ करिए।' बंदर बोला देखो बकरी मैं अपनी तरफ से पूरी कोशिश कर रहा हूं। तुम देख रही हो न मैं कितनी मेहनत कर रहा हूं। मेरी कोशिश में कोई कमी हो, तो बोलो। इतनी देर में शेर ने बकरी के बच्चे को खा लिया।

दोस्तों, बंदर ने अपनी योग्यता और क्षमता को नहीं आंका था और राजा बन बैठा। उसने बकरी से कहा कि वह प्रयत्न कर रहा है, परंतु ऐसे प्रयत्नों के बारे में आप यह भी नहीं कह सकते कि कोशिश करने वालों की हार नहीं होती, बल्कि ऐसे मामलों में हार निश्चित ही होती है। कोशिश करने वालों की हार नहीं होती है बशर्ते कोशिश सही दिशा में की गई हो। ■■■

53

गलती को भी मानें

'गलती करना मनुष्य का स्वभाव है, परंतु जान-बूझकर गलती पर जमे रहना शैतान का काम है।'

–संत आगस्टीन

अक्सर हम आवेश में आकर ऐसी प्रतिक्रिया दे देते हैं, जो बाद में जाकर हमें दुःख देती है। कई बार परिवार के भीतर या कंपनी में ही हम अपने वरिष्ठों या कनिष्ठों की बात को पूर्ण सुने बिना ही अपनी प्रतिक्रिया दे देते हैं। हम दूसरों में खोट, कपट, बेईमानी के लक्षण ढूंढ़ते रहते हैं, पर स्वयं की गलतियां मानने में हमारा ही अहंकार हमें रोकता है।

एक छोटी-सी कहानी है जिसके माध्यम से हम जान सकते हैं कि जल्दबाजी में प्रतिक्रिया देने का असर क्या होता है। कॉलेज में अच्छे नंबरों से पास होने के बाद एक युवा की अच्छी कंपनी में नौकरी लगती है। वह एक बहुत ही बड़े बिजनेसमैन का लड़का होता है और कॉलेज में जाने से पूर्व से उसकी इच्छा रहती है कि उसके पास महंगी कार होनी चाहिए।

अपने युवा पुत्र से उसके व्यापारी पिता ने यह वादा किया था कि अगर वह अच्छे अंकों से पास हो जाता है और अपने बल पर नौकरी प्राप्त कर लेता है, तब उसे वह कार जरूर खरीद देगा। उस लड़के ने काफी दिनों से एक विशेष प्रकार की कार के सपने देखे थे और वह चाहता था कि पिता वही कार उसे दे। पिता को भी यह बात पता थी। पास होने के बाद एक दिन पिता ने पुत्र को बुलाया। पुत्र समझ गया था कि आज निश्चित रूप से उसे कार मिलेगी। उसने अपने सभी साथियों से पहले ही कह दिया था कि सभी कार से लम्बी यात्रा पर चलेंगे। वह पिता से मिलने जाता है। पिता उसे शाबाशी देते हैं, साथ ही एक

प्रेरक पुस्तक बक्से में रखकर देते हैं और कहते हैं कि, 'बेटा तुम पास हो गए हो और अब आगे की जिंदगी बड़ी कठिनाई भरी होगी, इस कारण तुम इस किताब को जरूर पढ़ो।'

कार के सपनों में खोया युवा किताब की बात सुनकर ही भड़क जाता है और उसे बक्से में फेंक कर वहां से बाहर आ जाता है। वह काफी मायूस होता है कि क्या सोचा था और क्या हो गया? उसके मन में ऐसे विचार आने लगते हैं कि क्यों न घर ही छोड़ दे? काफी विचार करने के बाद वह नौकरी करने दूसरे शहर चला जाता है और पिता के काफी संपर्क करने के बाद भी वापिस नहीं आता।

कई वर्षों तक वह पिता से संपर्क ही नहीं करता। एक दिन उसके पास खबर आती है कि पिता की मृत्यु हो गई है। अपनी पत्नी के कहने पर वह पिता के अंतिम संस्कार में शामिल होने जाता है। अंतिम संस्कार के बाद वह पिता के कमरे में जाता है जहां पर वही बक्सा रखा होता है, जिसमें किताब रहती है।

वह उस बक्से को उठाता है और किताब के पन्ने उलटता है, तब उसमें से चाबी गिरती है। यह उसी कार की चाबी होती है जो उसके पिता ने वर्षों पूर्व खरीदी थी और यह वही कार होती है जिसके सपने वह देखा करता था। साथ ही किताब के नीचे कुछ कागजात रहते हैं जिनमें संपूर्ण संपत्ति व जायदाद उसके नाम की होती है। यह देख युवा लड़के की आंखों से आंसू निकल पड़ते हैं और वह स्वयं से ही कहने लगता है कि मैं अपने आपको कभी माफ नहीं कर पाऊंगा। ■■■

54

संजीवनी है सकारात्मक व्यस्तता

'गुणवान व्यक्तियों को शत्रुओं के गुणों से भी आनंद प्राप्त होता है।'
—हर्ष

हमारे हर काम, विचार और भावना का लक्ष्य सुखी और संतुष्ट जीवन जीना है। ये सही है कि सुख और संतुष्टि सापेक्षिक होती है, फिर भी कुछ तो ऐसा होता है, जो सुख और संतुष्टि देने वाली चीजों की सूची में एक-सा होता है और वह है, स्वस्थ और श्रेष्ठ जीवन।

जीवन को स्वस्थ और श्रेष्ठ बनाने के लिए सब अपने-अपने स्तर पर प्रयास करते हैं। इन्हीं प्रयासों में खुद को व्यस्त रखना या अपने शौक को पूरा करना भी आता है।

यहां व्यस्तता का आशय सिर्फ कुछ भी करके अपना समय काटना नहीं है, बल्कि अपने समय का सदुपयोग करना है। कई बार हम समय श्रम और धन तीनों का व्यय तो करते हैं, लेकिन उसका प्रतिफल शून्य होता है या फिर ऋणात्मक, जो हमें क्षणिक खुशी तो देता है, लेकिन स्थायी तौर पर दुःख और तनाव का कारण बनता है। जैसे - निंदा करना, चुगली करना, शराब पीना, झूठ बोलना आदि।

इन सभी कार्यों में व्यक्ति कहीं शारीरिक तो कहीं मानसिक रूप से व्यस्त तो रहता है, लेकिन इस व्यस्तता से उसे कोई सकारात्मक परिणाम नहीं मिलते हैं। इसका मतलब यह है कि हमें सकारात्मक व्यस्तता की जरूरत है।

आधुनिक दौर में भौतिकता और सुख-सुविधा ने हमें आलसी बना दिया है। आज हम कोई काम कम प्रयास और कम समय में पूर्ण कर, सफलता और उपलब्धि पाना चाहता है। कभी-कभार ऐसा हो भी जाता है, लेकिन बचे हुए

समय और ऊर्जा में हम खुद को बेहतर बनाने के प्रयास नहीं करते और यहीं से शुरू होता है तनाव और स्वास्थ्य का क्षय।

सकारात्मक व्यस्तता को यदि श्रेष्ठ जीवन की अभिव्यक्ति कहा जाए, तो कोई अतिश्योक्ति नहीं होगी। इसके तहत हर व्यक्ति को अपने रोजमर्रा के काम के बाद मिलने वाले समय का सदुपयोग करना चाहिए।

देखें कि क्या करके आप अपने जीवन में सकारात्मकता ला सकते हैं -

1. दूसरों के लिए कुछ करें और रचनात्मक कार्यों में रुचि लें।
2. पारिवारिक सदस्यों की वाजिब अपेक्षाओं की पूर्ति के लिए प्रयास करें।
3. सामाजिक दायित्त्वों के निवेदन को भी प्राथमिकता दें।
4. मनोरंजन के दूसरे साधनों के साथ ही खेलकूद को भी प्राथमिकता दें।
5. घर के आस-पास यदि खाली जमीन हो, तो उसे हरा-भरा करने का प्रयास करें।
6. कोशिश करें कि अपने काम आप खुद ही करें।
7. दिनचर्या की शुरुआत सुबह की सैर से करें।
8. आध्यात्मिक और साहित्यिक किताबों को अपने जीवन का हिस्सा बनाएं।
9. देशहित के कार्यों को गति देते हुए अन्य को भी इस ओर प्रेरित करें।
10. दिनचर्या को नियमित करें, ताकि ये न लगे कि दिन-भर फुर्सत ही फुर्सत है।

सकारात्मक व्यस्तता में हर वह काम शामिल है, जो आपको संतुष्ट भी करे और सार्थकता का अहसास भी कराए। सकारात्मक दिनचर्या को अपनाएं और अपने जीवन को नई दिशा दें। ■■■

55

अवसर को पहचानें

'अवसर बार-बार हमारा द्वार नहीं खटखटाते। यदि आप अवसरों के लिए तैयार नहीं हैं, तो वह आपकी प्रतीक्षा नहीं करते।'

–डेल कार्नेगी

प्रतिक्रिया व्यक्त करना मनुष्य का स्वभाव होता है, लेकिन कई बार हम आक्रामक होकर ऐसी प्रतिक्रिया दे देते हैं, जो हमारे लिए ही नुकसानदेह साबित होती है। प्रतिक्रिया जरूर करें लेकिन पहले थोड़ा समझ लें कि आपकी प्रतिक्रिया का क्या असर हो सकता है।

कई बार हम परिस्थिति के अनुसार प्रतिक्रिया व्यक्त नहीं करते या तो हम तत्काल प्रतिक्रिया दे देते हैं या फिर देते ही नहीं। हमारा सामना ऑफिस या दैनिक जीवन में ऐसे लोगों से होता है, जो नकारात्मक विचारधारा के होते हैं। वे लोग दूसरों की सफलता को पचा नहीं पाते और हर दम राजनीति के माध्यम से आगे बढ़ने की कोशिश में लगे रहते हैं।

इस प्रकार के लोगों से तो संपर्क कम रखा जा सकता है, लेकिन यह पेशेवर जगत है और हमें सभी के साथ समान व्यवहार करना सिखाया जाता है। अकबर और बीरबल के सबंधों को हम सभी अच्छे से जानते हैं। बीरबल से कुछ दरबारी जलते थे। इसी कारण उसे हटाने की इच्छा उनके मन में आने लगी सभी ने मिलकर एक नाई को अकबर के पास भेजा।

उसने अकबर से कहा कि बादशाह मुझे कल रात सपने में आपके पिताजी शहंशाह हुमायूं नजर आए और वे कह रहे थे कि सब कुछ ठीक है बस अकेलापन बहुत है। अगर अकबर किसी ऐसे इंसान को मेरे पास भेज दें, जो न केवल होशियार व हाजिर-जवाब हो, बल्कि उसे सभी तरह का ज्ञान हो।

यह सुनकर अकबर सहित सभी का ध्यान बीरबल की ओर गया। अकबर ने कहा- 'बीरबल आप मेरे लिए इतना तो कर ही सकते हैं।' बीरबल ने मन में सोचा- अभी किसी भी तरह की प्रतिक्रिया देना आफत को न्योता देना है। उसने कहा कि मुझे थोड़ा समय चाहिए। कुछ समय बीतने के बाद बीरबल ने अकबर से कहा - 'मैं कब्र में जिंदा दफन होना चाहता हूं।'

अकबर ने अनुमति दे दी। बीरबल ने कब्र के नीचे से अपने घर तक का रास्ता पहले ही बनवा लिया था। लगभग एक सप्ताह बाद बीरबल अकबर के दरबार में पहुंचा। बीरबल के दुश्मनों को लगा कि यह बीरबल का भूत है। बीरबल ने कहा कि बादशाह मैं आपके पिता से मिलकर आ रहा हूं। उन्होंने काफी समय तक मुझसे बातचीत की पर बादशाह वे काफी परेशान हैं।

अकबर ने कहा क्यों ? बीरबल ने कहा - 'दरअसल वे अपनी दाढ़ी और बालों को लेकर काफी परेशान हैं। उन्हें वहां नाई की सख्त जरूरत है।' अकबर ने यह सुनते ही नाई को वहां जाने का आदेश दे दिया।

इस छोटी-सी कहानी से यह सीख मिलती है कि अपने बॉस की बात पहले सुन लें। इतना ही नहीं, राजनीति करने वाले लोगों से भयभीत न हों और उन्हें अपने अच्छे काम के माध्यम से जवाब दें। सबसे पहले परिस्थिति को समझें और फिर उसके अनुसार अपनी प्रतिक्रिया को थोड़ा समय लेकर, चिंतन करने के बाद ही व्यक्त करें। ■■■

56

चुनौतियों का सामना करें

'रगड़े बिना रत्न नहीं चमकते, तराशे बिना हीरे नहीं बनते और चुनौतियों के बिना कोई सफल बन ही नहीं सकता।'

–लाओत्से

अब तक सफलता विषयक लिखे गए साहित्य में परिश्रम की अहमियत पर खास तौर पर रोशनी डाली गई है, लेकिन आज के युग में कुछ लोग कठोर परिश्रम से जी चुराते हुए क्यों नजर आते हैं?

जो कार्य चुनौती पूर्ण होता है, उसे करने के लिए परिश्रम की जरूरत होती है। सफलता हासिल करने के लिए परिश्रम करना जरूरी होता है।

दिक्कत तब पैदा होती है, जब आदमी को कोई काम तकलीफ देह या असुविधाजनक लगने लगता है। सफलता का एक अहम सूत्र है कि चुनौती पूर्ण कार्य को पूरा करते हुए आनंद को महसूस किया जाए और परिश्रम के जरिए अपनी किस्मत को बदल दिया जाए।

चुनौतीपूर्ण कार्य को क्यों अंजाम देना चाहिए? चुनौतीपूर्ण कार्य पूरा करने पर फायदा मिलता है, लेकिन जो आलसी होते हैं वे चुनौतीपूर्ण कार्यों को टालने में विश्वास रखते हैं। अगर आप चुनौतीपूर्ण कार्यों का सामना नहीं करते, तो इसका अर्थ है कि आप सफलता प्राप्त करने में दिलचस्पी नहीं रखते। अपनी बाजुओं को मजबूत बनाए रखने के लिए और अपने दिमाग को सक्रिय बनाए रखने के लिए आपको हर तरह के कार्य की चुनौती को स्वीकार करना चाहिए। अगर आप केवल आसान कार्यों को पूरा करने की आदत डालेंगे, तो आप खुद को अकर्मण्यता के मार्ग पर पा सकते हैं। वैसी स्थिति में आपको मामूली किस्म के नतीजे ही हासिल हो पाएंगे। अपनी अकर्मण्यता को उचित ठहराने के लिए समय

और ऊर्जा खर्च करने की जगह अपना ध्यान असली चुनौतियों की तरफ केंद्रित करने की कोशिश करें।

चुनौतियों को स्वीकार करने से चरित्र का निर्माण होता है, जिस तरह वजन उठाने से मांशपेशियां मजबूत होती हैं। चुनौतियों को टालने की कोशिश करने का अर्थ है कि आप चरित्र विकास के अवसर को गंवा देना चाहते हैं।

यह स्वाभाविक है कि जो कार्य कठिन होता है, उसे हम टालने की कोशिश करते हैं। अगर चुनौतियां हमें कठिन लगती हैं, तो हम उनसे बचने की कोशिश करते हैं, लेकिन ऐसा करते हुए हम आत्म-विकास के मूल्यवान अवसर को खो बैठते हैं इसलिए हमें चुनौतियों से घबराने की जगह उनका सामना करना सीखना होगा। जिस तरह व्यायाम करने वाला व्यक्ति बदन को सुडौल बनाने के लिए व्यायाम की कठिनाई को आसानी के साथ स्वीकार कर लेता है। उसी तरह अगर आप कठिनाई से बचते हैं, तो इसका अर्थ है कि आप उन्नति के अवसर को खो देते हैं।

आम धारणा यह है कि जीवन में धारा के अनुकूल बहते रहना चाहिए, लेकिन आपको अपने जीवन पर पूरा नियंत्रण रखना चाहिए। अगर धारा के साथ बहते हुए आप अपने नियंत्रण को खो देंगे, तो कभी भी वांछित स्थान तक पहुंच नहीं पाएंगे।

आप जब नियंत्रण अपने हाथ में रखेंगे, तो स्वयं धारा का निर्माण भी कर पाएंगे। इस तरह जीना चुनौतीपूर्ण हो सकता है, मगर इसी तरह अपने लक्ष्य को भी हासिल किया जा सकता है। ऐसी स्थिति में आप निष्क्रिय रहकर जीवन की घटनाओं के महज दर्शक नहीं रह जाते।

57

सुख के लिए जरूरी है सहनशीलता

'पांच इंद्रियों और छठा मन, इनका सदुपयोग सुख देता है और दुरुपयोग सर्वनाश का कारण बन जाता है।'

–अथर्ववेद

पिछले दिनों अखबार में पढ़ा कि एक अठारह वर्ष की लड़की ने सिर्फ इसलिए फांसी लगा ली क्योंकि टीवी देखते समय चैनल बदलने को लेकर उसका अपने छोटे भाई के साथ झगड़ा हो गया था और मां-बाप ने छोटे होने के नाते भाई का पक्ष ले लिया था। इसी तरह, एक लड़के ने इसलिए आत्महत्या कर ली क्योंकि उसकी एक सहेली ने उसका साथ छोड़ किसी दूसरे से दोस्ती कर ली थी, आज इस तरह की अनके घटनाएं प्रतिदिन हमारे आस-पास घट रही हैं। जरा-सी बात पर घर छोड़ देना, रिश्ते तोड़ देना, नौकरी छोड़ देना और यहां तक कि कई बार दुनिया ही छोड़ देना (आत्म-हत्या) आम बात हो गई है। यूं तो आज के युग में सभी के अंदर धैर्य तथा सहनशीलता कम होती जा रही है। बड़े तो बड़े, बच्चों में भी यह भावना बहुत तेजी से कम होती जा रही है।

आज अधिकतर लोग घर-परिवार के मामले में असहिष्णु होते जा रहे हैं। मां-बाप की बात न मानना, ससुराली रिश्तों के मामले में सहनशीलता का न होना, साथी तथा बच्चों के साथ बात-बात में उलझना उनकी आदत बनती जा रही है। बात-बेबात पर अपना संतुलन खो देना तथा सामान पटकना रोजमर्रा के कार्यों में शामिल हो गया है। जरा-जरा सी बात पर उत्तेजित होना आज की

जीवनशैली का अभिन्न अंग बनता जा रहा है। कार्यालय में आज आम आदमी अपने बॉस की बॉसगिरी को अधिक न झेलकर नौकरी छोड़कर दूसरी नौकरी तलाश करने को तैयार रहता है, वहीं दूसरी ओर अपने अधीनस्थ कर्मचारियों को बात-बात पर डांटने-धमकाने का दौर भी साथ-साथ चल रहा होता है। दोस्ती और रिश्तों के मामले में भी लोग अपना धीरज खोते जा रहे हैं। साथी के साथ कुछ अनचाहा घटा, तो फौरन उसे छोड़कर दूसरा ढूंढ़ लेने में अधिक समय नहीं लगता। बात भले ही छोटी-सी हो, पर धैर्य की कमी से उसे बिगड़ते बनते देर नहीं लगती। इसी वजह से आज तलाक की घटनाएं बहुत तेजी से बढ़ती जा रही हैं।

विवाह के साल-भर बाद ही सुप्रिया ने अपने पति को सिर्फ इसलिए छोड़ दिया, क्योंकि उसका पति अपने माता-पिता के साथ संयुक्त परिवार में रहता था। सुप्रिया अपने ससुराल वालों के साथ निभा नहीं पा रही थी। उसने अपने पति से अलग फ्लैट लेकर रहने को कहा। पति अपने पर आश्रित बूढ़े माता-पिता को तब तक नहीं छोड़ सकता था, जब तक छोटे भाई को नौकरी न मिल जाए। सुप्रिया में इतना इंतजार करने का धीरज नहीं था। अतः वह अपने पति को छोड़कर मायके चली आई। वह बैंक में काम करती थी और उसकी अच्छी-खासी आय थी। सुप्रिया जैसी बहुत-सी स्त्रियां हैं, जो आर्थिक रूप से आत्मनिर्भर हैं। वे शायद सोचती हैं कि स्वावलंबी होने की वजह से उन्हें अपने परिवार वालों को हाशिए पर रखने का अधिकार मिल गया है। उनकी समझ में रिश्तों को बनाए रखने के लिए सहते जाना शायद उन स्त्रियों की मजबूरी है, जो आर्थिक रूप से सक्षम नहीं होती। वैवाहिक सलाहकार मानते हैं आजकल तलाक की बढ़ती वजह पति-पत्नी का अधिक असहिष्णु और गुस्सैल होना है।

इस बदलाव के कारण

आज शिक्षा और वैश्वीकरण की वजह से बहुत-सी चीजों के मायने बदल रहे हैं। स्त्रियों का कार्यक्षेत्र विस्तृत हुआ है और पुरुषों की जिम्मेदारियां भी पहले की तुलना में बहुत बढ़ गई हैं। जिसकी वजह से उनकी जीवन शैली में भी बहुत भटकाव आए हैं। आज स्त्रियों में जागरूकता बढ़ रही है। वे अपने कर्तव्यों के साथ ही अपने अधिकारों के लिए पहले से कहीं अधिक सचेत हो रही हैं। वहीं दूसरी तरफ पुरुषों के धैर्य का स्तर भी कम हुआ है। अति व्यस्तता के चलते वे ज्यादा तनावग्रस्त हुए हैं।

संपन्ता में परवरिश

अभी कुछ दशक पहले तक घरों में बच्चों को पैसे की कीमत समझाने पर बहुत जोर दिया जाता था। एक बार साल-भर की किताबें, पैंसिल का डिब्बा (पेंसिल बॉक्स), रंग का डिब्बा (कलर बॉक्स), ज्यामिती का डिब्बा (ज्यॉमेट्री बॉक्स) वगैरह आ गए, तो उन्हें हिदायत दी जाती थी कि इन्हें संभाल कर रखना, साल-भर चलाना है। आज के बच्चे आए दिन कोई-न-कोई वस्तु खोते रहते हैं, क्योंकि उन्हें पता है कि अभी तुरंत दूसरी आ जाएगी। उन्हें अधिक इंतजार नहीं करना पड़ता।

इसकी वजह से प्रारंभ से ही उनमें किसी वस्तु की प्रतीक्षा करने का ध ैर्य नहीं रह जाता इसलिए कहा जाता है कि बचपन में ही संस्कारों की नींव पड़ जाती है। जब वहीं से गलत आदतें पड़ जाती हैं, तो आगे चलकर भी वे परेशानी का सबब बनती हैं। चीजों को संभालकर रखना और उनके प्रति लगाव का अभाव हमेशा इस पीढ़ी के पास बना रहता है और यही अभाव आगे चलकर झगड़े का कारण बनता है। थोड़ी-सी भी सहनशीलता हो तो इन बहुत से छोटे-मोटे झगड़ों से बचा जा सकता है।

सुविधाजनक जीवन

आज आर्थिक और वैज्ञानिक प्रगति की वजह से लोगों का जीवन अधिक सुविधाजनक होता जा रहा है। अभी तीन चार दशक पहले तक अधिकांश स्त्रियों का लगभग पूरा दिन रसोई में बीतता था और पुरुष केवल अपनी नौकरी या कामकाज तक सीमित थे।

आज हर काम के लिए तमाम घरेलू इलैक्ट्रोनिक उपकरण होने के चलते उनका घरेलू काम बहुत आसान हो गया है। पहले फ्लोर से पांचवी फ्लोर तक जाने परिश्रम के लिए लिफ्ट उपलब्ध हैं, दूरिया तय करने के लिए निजी वाहन है। किसी अपने की खैरियत जानने के लिए हफ्तों की चिट्ठी का इंतजार नहीं करना पड़ता, मोबाइल फोन उपलब्ध हैं। सुविधासंपन्न जीवन भी एक बड़ा कारण है, जो व्यक्ति को धैर्यहीन बनाने में सहयोग देता है। पहले जहां हर छोटी-सी ख्वाहिश पूरी करने के लिए भी परिश्रम करना पड़ता था, वहीं आज पलक झपकते सारे काम बिना हिले-डुले हो जाते हैं। जब किसी काम के लिए अतिरिक्त प्रयास करने पड़ते हैं, तो उसके लिए न मन तैयार होता है न ही तन।

आर्थिक क्षेत्र में आत्मनिर्भरता

आज स्त्री-पुरुष आर्थिक क्षेत्र में आत्मनिर्भर हो रहे हैं, यह बहुत अच्छी बात है, किंतु अपनी इस आत्मनिर्भरता की वजह से वे रिश्तों की गरिमा काफी हद तक खोते जा रहे हैं। सवाल आर्थिक रूप से आत्मनिर्भर होने का नहीं है। यदि दोनों कमाते हैं तो इससे परिवार की आर्थिक व मानसिक दोनों ही स्थितियां मजबूत होती हैं। इस आत्मनिर्भरता को यदि आत्मकेंद्रित होकर देखें तो शायद आप मतलबी हो जाएं। आपकी यही सोच आपको औरों से अलग कर आपकी तकलीफ का कारण बनती है।

आर्थिक महत्त्वाकांक्षा

प्रतिस्पर्धा के दौर में आज लोग बहुत अधिक महत्त्वाकांक्षी हो गए हैं। निरंतर आगे बढ़ने के लिए वे किसी नए विकल्प की तलाश में रहते हैं। अतः उन्हें अपनी नौकरी अथवा व्यवसाय में कुछ भी असहनीय लगता हैं, तो वे अधिक धैर्य न रखकर उसे छोड़कर कोई दूसरा विकल्प चुन लेने के लिए हमेशा तैयार रहते हैं।

बदलता सामाजिक परिवेश

पिछले कुछ दशकों में हमारा सामाजिक परिवेश बहुत तेजी से बदला है। पहले संयुक्त परिवार होते थे, जहां घर-परिवार की जिम्मेदारियां सभी में बराबर बंटी रहती थीं। आज एकल परिवार है जहां पति-पत्नी दोनों कामकाजी हैं। घर-बच्चों और बाहर की जिम्मेदारी बांटने वाला अब कोई नहीं।

कुछ मजबूरियां भी हैं

यह बात सच है कि आज लोग पहले की तुलना में बहुत जल्दी धीरज खोते जा रहे हैं। उन पर गुस्सैल और तुनकमिज़ाज होने के आरोप लग रहे हैं, लेकिन इसके पीछे अन्य कारणों के साथ उनकी अपनी कुछ मजबूरियां भी हैं। कुछ दशक पहले तक जहां जीवन आसान था, वहीं आज तमाम सुविधाओं के बाद भी बेहद संघर्षपूर्ण जीवन जीना पड़ रहा है। कहीं घर के अंदर अनुशासन तोड़ते बच्चे, कहीं जिम्मेदारियों से बचते पति, कहीं लापरवाह और गैर जिम्मेदार स्त्रियां एवं पुरुष, कभी बच्चों की पढ़ाई और करियर को लेकर भागदौड़, कहीं घर और नौकरी के बीच संतुलन बनाए

रखने की जद्दोजहद आदि। कहीं जरूरत से अधिक काम लेते बॉस, कहीं कामचोरी करते सहयोगी आदि। ऐसे एक नहीं अनेक कठिन मोर्चे हैं, जिनसे आज लोगों को रोजाना जूझना पड़ता है। ऐसे में एक संवेदनशील व्यक्ति कहां तक संयम रख सकता है।

दिन-प्रतिदिन की प्रतिकूल होती परिस्थितियां और समस्याओं से भरे जटिल जीवन में ज्वालामुखी का विस्फोट होना स्वाभाविक भी है। आपसी सहयोग और संयम वे मजबूत हथियार हैं, जिनके बल पर आप कैसी भी स्थिति का सामना आसानी से कर सकते हैं। शांति से जीने के लिए बहुत-सा पैसा या असीमित सुख-सुविधाएं ही काफी नहीं, बल्कि बहुत धैर्य और सहनशीलता की आवश्यकता होती हैं। ■■■

58

पूर्वाग्रह छोड़ें

'दूसरों की कमियों को मत देखो, उन कमियों को अपने भीतर से निकालना सीखो।'

–स्प्रैट

हम सभी के पास अपने लक्ष्य पूरे न कर पाने के बहुत से बने-बनाए कारण होते हैं। जब भी उन लक्ष्यों को हासिल करने में नाकामयाबी की बात आती है, तो हम उस तक न पहुंच पाने के अनेक कारण गिनाने लगते हैं। सामान्य तौर पर आर्थिक कारण सबसे अधिक सुनने को मिलता है। कई बार यह कारण वास्तविक भी होते हैं, पर उसके बावजूद हम सभी के पास विकास के कुछ न कुछ अवसर अवश्य मौजूद रहते हैं। ऐसी स्थिति में बेहतर है कि आप छोटे-छोटे कदम बढ़ाएं और अपने लक्ष्य की ओर बढ़ते चलें।

अपने कारण को पहचानें

कारण सभी के पास है, पर खुद से पूछें कि आप जो चाहते हैं, वह क्यों नहीं हासिल कर पा रहे हैं? हो सकता है कि आप अपने कारणों से ही मुंह फेर लें। हमारा यह स्वभाव ऐसी गैर उत्पादक बात की तरह है, जिन्हें हम बार-बार दोहराते रहते हैं और उन्हें ही सच मानने लगते हैं।

खुद से पूछें

क्या चीज है जो आपको अपने लक्ष्य तक पहुंचने से रोक रही है? अपने उन कारणों को लिखो। जब आप अपने कारणों को जानेंगे, तो उनका बोझ आप

पर से उतर जाएगा। आपके कारण कुछ लचीले प्रतीत होने लगेंगे। अब आपको उनसे डील करना अधिक आसान होगा।

अपने पूर्वाग्रह छोड़ें

जब तक आपके पास बहाना होता है, आप आगे नहीं बढ़ पाते। जब-तब कोई बाधा होती है, आप जोखिम नहीं उठाते। अपने बहानों से आगे बढ़ना आपके लिए असुविधाजनक हो सकता है, लेकिन वह आपके द्वारा सोचे हुए विकल्पों से बेहतर होगा। कई बार हमारी सीमाएं हमारे अपने द्वारा बनी होती हैं। अपने पूर्वाग्रहों को छोड़कर उन सीमाओं से आगे बढ़ना ही हमारे करियर की राह सुगम बनाता है।

उसके लिए कदम बढ़ाएं जो आप चाहते हैं

अपने पूर्वाग्रहों से मुक्त होना आपके लिए संभावनाओं के नए रास्ते खोलता है। आपके नकारात्मक विचार दूर हो जाएंगे। अब आप अपनी योजनाएं बना सकते हैं। शुरुआत अपने लक्ष्यों को लिखने से कर सकते हैं। अब उन तक पहुंचने की प्रक्रिया बनाएं। अपने काम को प्राथमिकता के अनुसार बांटें। नियमित तौर से समय-समय पर अपने लक्ष्य और योजनाओं का आकलन करते रहें।

■■■

59

अपना आकलन करें

'जिसे होश है, वह अपनी क्षमता से अधिक फैसले नहीं लेता अगर आप बत्तख नहीं हैं, तो पानी पर चलने की क्यों सोचें?'

–शेख़ सादी

क्या मुझे इस नौकरी के लिए आवेदन करना चाहिए? क्या मुझे नौकरी पर रखा जाएगा? मुझे अच्छे अंक मिलेंगे या नहीं? अब तक की करियर यात्रा कैसी रही? इन प्रश्नों को पढ़ते समय अपनी भाषा और इन प्रश्नों के सबंध में अपने भावों को जानने का प्रयास करें। क्या आप कभी अपनी सोच की बाधाओं से आगे निकले? कभी उन अच्छे कामों के लिए खुद को श्रेय दिया, जिन्होंने आपकी सफलता के स्तर (ग्राफ) को ऊपर चढ़ाया? या फिर कभी खुद को ऐसे अवसर का लाभ उठाने से रोका, जो आपको करियर में आगे ले जा सकते थे?

सोच पर निर्भर है

कॉलेज में स्नातक की पढ़ाई पूरी करते वक्त आप व्यापार जगत में बड़ा ओहदा (मुकाम) हासिल करने के बारे में सोचते थे। फिर किसी कार्यालय में डरते-घबराते साक्षात्कार दिया, जहां आपके ज्ञान, उत्साह और आगे बढ़ने की इच्छा का आकलन किया गया। आपको नौकरी मिली। आपने अपना पहला कदम पूरी सावधानी के साथ बढ़ाया। समय गुजरने पर निरंतर कड़ी मेहनत के साथ आपने कार्यस्थल पर अपने लिए जगह भी बना ली, लेकिन कभी आपने यह सोचा कि आप यह सब इसलिए कर पाए, क्योंकि आप खुद को ऐसा करने के लिए मानसिक रूप से तैयार कर सके थे?

सफलता की चाह आपके उस डर को दूर करती हैं, जो आपको अपने ही दायरे में सिमटकर रहने को बाध्य करता है। करियर में हर कदम पर आपको नई चुनौतियों का सामना करने को मिलेगा। खास बात यह है कि व्यवसायिक जीवन में आज जो बातें चुनौती लग रही हैं, वह कल चुनौती नहीं होंगी। उस वक्त आप दूसरी बड़ी चुनौतियों का सामना कर रहे होंगे। यह विश्वास करना कि आप किसी काम को कर सकते हैं, अपनी नकारात्मक सोच और करियर में पीछे करने वाले तत्त्वों का सफलतापूर्वक सामना करने में सक्षम बनाता है। गंभीर और पूरे समर्पण के साथ किए गए प्रयास सफलता की ओर ले जाने वाली सीढ़ी हैं।

डर का सामना

अनजानी राह के डर को उस दिशा में कदम बढ़ाकर ही दूर किया जा सकता है। अपनी पूर्व उपलब्धियों पर विश्वास करें। उनके लिए खुद को श्रेय दें। नई चुनौतियों की ओर बढ़ें। हमारे आस-पास कितने ही कार्य करने के होते हैं, लेकिन यदि हम उनके लिए प्रयास ही नहीं करेंगे, तो उन्हें कभी जान ही नहीं सकेंगे।

अंत में मुझे शतपथ ब्राह्मण की एक उक्ति याद आ रही है, जिसका भाव है : जिन्हें बहुत अभिमान था, उनका पतन उस अभिमान के कारण ही हुआ। अपना सही आकलन न करना पराजय का कारण ही बनता है।

■■■

60

आगे बढ़ते रहें

'असफलता उन्हें ही मिलती है, जिन्होंने अतीत में कुछ न किया हो और भविष्य में भी कुछ करने की जिनकी योजना न हो। कोई भी प्रयास सदा विफल नहीं हो सकता।'

–राबर्ट फ्रास्ट

असफलता जीवन का अंत नहीं है। अन्यथा यह वह पहली सीढ़ी है जहां से मंजिल के रास्ते खुलते हैं। ये वो सीख है, जो कहीं और से नहीं मिल सकती। असफलता स्वीकार कर उससे सीखें, जीवन की प्राथमिकताएं तय करें और आत्मविश्वास के साथ आगे बढ़ें। देखें ऐसा कौन-सा दरवाजा है, जो खुलता नहीं है।

व्यक्ति अगर यह कहे कि वह जीवन में हमेशा जीतता आया है, तो यकीन मानिए वह सरासर झूठ बोल रहा है। कोई भी व्यक्ति सफलता के शिखर पर हारने के बाद ही पहुंचता है। हार ही उसके मन में जीतने के लिए कोशिश करने का जज्बा पैदा करती है, अपने लक्ष्य को प्राप्त करने के जुनून को और पुख़्ता करती है।

अपनी असफलता को चुनौती के रूप में स्वीकारना, जीत की तरफ ले जाने वाला पहला कदम है। असफल व्यक्ति को कोई प्रोत्साहित नहीं करता, उसे खुद को प्रोत्साहित करना होगा, तभी वह सफल भी हो सकेगा। यह तय है कि ज्योंही व्यक्ति सफल हुआ, दुनिया उसे प्रोत्साहन, पारिश्रमिक, पारितोषक देने दौड़ पड़ेगी।

आर्या का एक ही सपना था डॉक्टर बनकर नन्हे-मुन्ने बीमार बच्चों का इलाज करे। बारहवीं तक श्रेष्ठता सूची में रहने के बावजूद वह प्री-मेडिकल

परीक्षा में सफल नहीं हो पाई। दो प्रयासों के बाद भी उसे सफलता नहीं मिली, मगर उसका सपना नहीं टूटा। स्वास्थ्य सेवा सिर्फ डॉक्टर के जरिए ही दी जाती हो ऐसा तो नहीं है।

चिकित्सा क्षेत्र से जुड़े तमाम विभागों में आज भी योग्य व्यक्तियों की जरूरत है। आर्या ने हिम्मत नहीं हारी और फार्मेसी की परीक्षा में श्रेष्ठ सीट हासिल करके प्रतिष्ठित संस्थान से बी. फार्मा की डिग्री प्राप्त करके पूरी शिद्दत से आगे की पढ़ाई जारी रखते हुए, प्रतिष्ठित फार्मास्युटिकल कार्यालय से जुड़ी रही। पीएचडी होते ही वह कार्यालय की अनुसंधान एवं विकास विभाग (रिसर्च एंड डेवलपमेंट लैब) में भी प्रवेश पाने में सफल हो गई।

भले ही हमें असफलताएं मिली हों, लेकिन इसके बावजूद हमें अपने काम का अनुभव तो हो ही जाता है। इन अनुभवों के आधार पर शांति से अपनी कार्यशैली का विश्लेषण करें और सफलता हासिल करें। इस सोच के साथ अपने प्रयत्न को जारी रखें, क्योंकि जिंदगी चलते रहने का नाम है। कुछ भी हो जाए आपकी यात्रा रुकनी नहीं चाहिए। मनोरंजन की दुनिया में इसे कहा जाता है, 'द शो मस्ट गो ऑन!'

■■■

61

भाग्य को दोष ना दें, हालात से लड़ें

'भाग्य तेरा अनुचर है। जो आराम करता है, उसका भाग्य भी आराम करता है। जो उठ खड़ा होता है उसका भाग्य भी उठ खड़ा होता है। जो लेटता है उसका भाग्य भी धराशायी हो जाता है। आगे बढ़ने वालों का भाग्य कभी रुकता नहीं।'

–विमल मित्र

व्यक्ति के पास ढेर सारी सफलता और समृद्धि हो तब छोटी-मोटी असफलताओं की ओर उसका ध्यान नहीं जाता। वह अपनी असफलता पर सवार होकर असफलता को मात देने की हिम्मत जुटा ही लेता है, पर जो व्यक्ति विपरीत परिस्थितियों में अपने आपको आगे ले जाने का प्रयत्न कर रहा होता है, उसके पास बहुत ज्यादा विकल्प नहीं होते। वह अपने पास जितना होता है, उसी को संभालकर सफलता प्राप्ति की आस लगाए रहता है।

एक बार कुछ गरीब मछुआरे समुद्र में मछली पकड़ने पहुंचे। उनकी नाव इतनी बड़ी नहीं थी कि उसमें ढेर सारी मछलियां भी आ जाएं और वे सब भी आ जाएं। सभी गरीब थे और चाहते थे कि ढेर सारी मछलियां पकड़ी जाएं, लेकिन ऐसा कुछ नहीं हो पाया। कुछ समय में ही तेज आंधी आई और समुद्र में लहरे उठने लगीं।

नाव में एक ऐसा गरीब मछुआरा भी था, जो इस आशा में सभी के साथ आया था कि थोड़ी बहुत कमाई हो जाएगी और परिवार का पेट कुछ दिनों तक भरा जा सकेगा। समुद्र की तेज लहरें लगातार नाव से टकरा रही थीं और सभी बमुश्किल अपने आपको खड़ा रख पा रहे थे।

थोड़ी ही देर में लहरें इतनी तेज हो गईं कि नाव का सामान समुद्र में जाने लगा। इतने में ही एक बड़ी लहर ने नाव को हिलाकर रख दिया और वह गरीब मछुआरा समुद्र में जा गिरा। अभी वह कुछ समझ पाता, लहरें नाव को बहा ले गईं। वह पानी से ऊपर नहीं आ पा रहा था, पर जैसे-तैसे पानी के ऊपर आया तब उसने पाया कि आस-पास कुछ नहीं है।

लहरें उसे एक दिशा में धकेले जा रही थी और उसे लगने लगा था कि शायद अब उसका अंतिम समय आ गया है। वह भगवान को याद करने लगा कि, 'हे भगवान, मेरे परिवार की रक्षा करना, वे अब तुम्हारे ही भरोसे हैं।' थोड़े ही समय बाद मछुआरे ने अपने आपको एक निर्जन द्वीप पर पाया। रात-भर अंधेरे में काटने के बाद वह दूसरे दिन सुबह खाने की तलाश करने लगा।

आस-पास कुछ कंद मूल खाने के बाद उसके मन में विचार आया कि धूप से बचने के लिए झोपड़ी ही क्यों न बना ली जाए। झोपड़ी बनाने में दिन-भर का समय लग गया। अब उस निर्जन द्वीप पर रहते हुए उसे 4-5 दिन हो चुके थे और उसने पत्थर के माध्यम से आग भी जला ली थी।

वह रोज खाने की खोज में दूर तक जाता और अपनी झोपड़ी में लौट आता। भगवान से प्रार्थना करता कि, 'हे भगवान, मुझ पर यह कैसी परिस्थिति आई, मुझे इससे बाहर निकालो। मेरे परिवार पर क्या बीत रही होगी?'

एक दिन वह रोजाना की तरह खाने की तलाश में द्वीप पर दूर तक गया। इतने में तेज हवाएं बहने लगीं और झोपड़ी में जलाई गई आग में से एक चिंगारी झोपड़ी में लगे सूखे पत्तों पर जा लगी और थोड़ी ही देर में झोपड़ी जलने लगी। जब मछुआरा वापस आया तो उसे देखकर दु:ख हुआ कि झोपड़ी जल गई है। उसने भगवान को कोसना शुरू कर दिया कि, 'भगवान तू मुझे कुछ दे तो सकता नहीं, फिर छीन क्यों रहा है?'

रात-भर वह झोपड़ी के आस-पास घूमता रहा और झोपड़ी से निकलते हुए धुएं को देखता रहा और अपनी किस्मत को कोसता रहा। जैसे ही सुबह हुई उसने देखा एक नाव उसके पास तैरते हुए आ रही है। यह देख उसे आश्चर्य हुआ और भगवान पर विश्वास जागने लगा, क्योंकि अगर झोपड़ी नहीं जलती, तो नाव वाले उससे उठते धुएं को देखकर उसे ढूंढ़ने के लिए निर्जन स्थान पर नहीं आते। दोस्तों, जिंदगी और किस्मत को कोसने के बजाय विपरीत परिस्थितियों का डटकर सामना करेंगे तभी आप समस्याओं से लड़ पाएंगे। भाग्य को कोसने की जगह भाग्य को बदलने के बारे में सोचना शुरू कर दीजिए।

■■■

62

परिश्रम और लगन से पाएं कामयाबी

'तुम्हें प्रभु वचन देते हैं, ढूंढ़ोगे तो (सब) पाओगे, खोजोगे तो (सब) मिलेगा और खटखटाओगे तो (अवसरों का) हर द्वार तुम्हारे लिए खोला जाएगा।'

–ईसा मसीह

काम तो सब करते हैं, लेकिन त्रुटिहीन काम करने वाले कम ही लोग होते हैं। काम कितना हुआ है यह महत्त्वपूर्ण नहीं है, बल्कि कितने अच्छे ढंग से हुआ है यह महत्त्वपूर्ण है। त्रुटिहीन होना आसान बात नहीं है। इसके लिए जरूरत होती है लगातार परिश्रम और लगन की।

जीवन में कई बार आपसे उम्र में छोटे व्यक्ति भी आपको ऐसी सीख दे जाते हैं, जिससे न केवल आपका जीवन जीने का नजरिया बदल जाता है, बल्कि आपके संपूर्ण व्यक्तित्व पर इसका असर पड़ता है। एक बेहद मार्मिक कहानी है, जिससे न जाने कितनी सीख ली जा सकती है। व्यापार जगत में भी और आम जिंदगी में भी।

एक मां अपने बेटे को पियानो सिखाना चाहती थी। उसकी इच्छा थी कि बेटा पियानो बजाए और उसकी ख्याति एक स्थापित पियानो वादक के रूप में हो। अपनी इच्छा की पूर्ति के लिए वह बेटे को मशहूर पियानोवादक के पास पियानो सीखने के लिए भेजती है। बेटा इतना होनहार नहीं था और काफी कोशिशों के बाद भी उसमें पियानो शिक्षक को किसी भी प्रकार की प्रतिभा नजर नहीं आई।

उसकी मां रोजाना उसे कक्षा में छोड़ने के लिए आती और बड़े धैर्य के साथ कक्षा समाप्ति तक रुकी रहती थी। बेटा भी सीखने में कोई कसर नहीं छोड़ता

पर उसमें किसी भी प्रकार की नैसर्गिक प्रतिभा नहीं होने के कारण वह ठीक से नहीं बजा पाता था। उसे पियानो सीखते हुए लगभग एक वर्ष हो गया और पियानो शिक्षक को लगने लगा कि शायद यह लड़का उसकी कक्षा का नाम बिगाड़ेगा।

इस कारण वह उसे ज्यादा समय नहीं देता था, लेकिन लड़का और उसकी मां प्रतिदिन आते थे। शिक्षक चाहता था कि लड़का कम-से-कम थोड़ा बहुत बजाना तो सीख ले। वह उसे घर पर भी अभ्यास करने के लिए कहता था। लगभग डेढ़ वर्ष बाद लड़के ने कक्षा में आना बंद कर दिया। शिक्षक ने भी सोचा कि चलो अच्छा ही हुआ, नहीं तो लड़का नाम बिगाड़ता। कुछ महीनों के बाद कक्षा के सभी बच्चों को एक बड़े कार्यक्रम में प्रस्तुति करने का मौका मिलता है।

शिक्षक सभी को इसके लिए तैयार करता है, जिनमें नए बच्चे भी शामिल रहते हैं। सभी को आमंत्रण भेजा जाता है। जिसमें वह लड़का भी शामिल रहता है। लड़के की तरफ से ये जवाब आता है कि अभी उसकी मां बीमार है, इस कारण वह अभ्यास में नहीं आ सकता, पर वह कार्यक्रम देने जरूर आएगा। प्रस्तुति का दिन आता है और कार्यक्रम शुरू होने के कुछ समय पहले ही वह लड़का आता है। उसकी वेशभूषा भी ठीक नहीं होती है। यह देख शिक्षक थोड़ा नाराज होता है, पर सोचता है कि चलो आ तो गया।

कार्यक्रम आरंभ होता है और सभी बच्चे बेहतरीन प्रस्तुति देते हैं। शिक्षक द्वारा जानबूझकर उस लड़के की प्रस्तुति को कार्यक्रम के अंत में रखा जाता है ताकि कम ही लोग सुनें। सभी के माता-पिता भी आए होते हैं, पर उस लड़के की मां कहीं भी नजर नहीं आती। लड़के की बारी आती है और वह निर्धारित कार्यक्रम से हटकर प्रस्तुति देता है।

शिक्षक को डर लगता है कि कहीं यह लड़का कार्यक्रम के अंत को बिगाड़ न दे। शिक्षक के आश्चर्य का ठिकाना नहीं रहता, जब वह लड़का न केवल बेहतरीन प्रस्तुति देता है, बल्कि वह लगातार दस मिनट तक प्रस्तुति देता रहता है। कार्यक्रम की समाप्ति के पश्चात दर्शकों की परवाह किए बगैर शिक्षक मंच पर जाकर लड़के को गले लगा लेता है और शाबाशी देता है और सभी के सामने पूछता है कि आखिर तुम इतना अच्छा कैसे बजाने लगे?

लड़के का जवाब सुनकर वहां उपस्थित सभी लोगों की आंखों में आंसू आ गए। लड़का कहता है कि मेरी मां की मृत्यु आज सुबह ही हुई है। वह कैंसर से पीड़ित थी और वह सुन नहीं सकती थी। मेरी मां की आखिरी इच्छा थी कि

मैं कार्यक्रम में प्रस्तुति दूं। मुझे लगता है कि मेरी मां ने आज ही मेरा पियानो वादन सही तरीके से सुना होगा, क्योंकि वह अब तक सुन नहीं पाती थी।

आज वह आकाश में सितारा बन गई है और जहां पर भी होगी उसने मेरा पियानो सुना ही होगा। यह कहते कहते लड़के की आंखों में आंसू आ जाते हैं और वहां उपस्थित सभी लोग न केवल लड़के की तारीफ करते हैं। शिक्षक को भी इस घटना से सबक मिलता है कि किसी के बारे में पहले से बनाई गई धारणा गलत भी हो सकती है। वहीं लड़के की जीवंतता, लगन और समर्पित भाव से अन्य लोगों को भी प्रेरणा मिलती है।

■■■

63

बदलाव के मौके ढूंढ़ने दें

'जो परिस्थितियों के मुताबिक स्वयं को नहीं बदलता, उसे प्रकृति नष्ट कर देती है। इस सृष्टि में केवल सर्वश्रेष्ठ ही जीवित (और सफल) रह सकता है।'

–चार्ल्स डार्विन

हम सभी जिंदगी में लगातार एक तरह का काम करते रहने से ऊब महसूस करते हैं। कई बार बचपन में हम जो सपने देखते थे, उन्हें बड़े होने के बाद पूरा करने की कोशिश करते हैं।

बड़े होने के बाद भी जब हमें अपने कार्य में ऊबना होने लगती है, हमारा मन कुछ नया करने की चाहत जरूर रखता है, पर परिस्थितियों की वजह से और आलस की वजह से हम बदलाव नहीं कर पाते। असल में अगर बदलाव के लिए हम प्रयत्न करें तब बदलाव अपने-आप मौके ढूंढ़ता है।

जिंदगी के उत्तरार्द्ध में खासतौर पर व्यक्ति के पास करने के लिए कुछ नहीं रहता और समाज जबदरस्ती उसे बुजुर्ग कहकर घर में बैठा देता है, जबकि उसकी इच्छा समाज को और कुछ देने की रहती है। एक छोटी-सी कहानी है जिससे युवा बुजुर्ग प्रेरणा ले सकते हैं। 87 वर्ष की उम्र में एक महिला ने महाविद्यालय के एक वर्षीय डिप्लोमा में प्रवेश लिया। महिला काफी खुशमिज़ाज थी।

कक्षा में जब सभी बैठे थे, तब महिला ने कक्षा के भीतर कदम रखा। तब सभी को लगा शायद शिक्षिका होगी और सभी ने उठकर उसका अभिवादन किया। महिला ने अभिवादन किया पर साथ में यह भी कह दिया कि मैं शिक्षिका नहीं, मैं भी आप ही की तरह विद्यार्थी हूं।

यह देखकर सभी को आश्चर्य हुआ। पहले दिन के भाषण समाप्त हुए और बूढ़ी महिला ने अपने पास बैठी एक 19 वर्ष की लड़की से बातचीत आरंभ कर दी।

दोनों काफी देर तक बातचीत करते रहे और बूढ़ी महिला ने उसे कैंटीन चलने के लिए कहा। दोनों कैंटीन पहुंचे ओर कॉफी पीने लगे। महिला ने बताया कि बचपन से उसकी इच्छा थी कि महाविद्यालय जाए और पढ़े, लेकिन ऐसा संभव नहीं हो पाया। जीवन की आपाधापी में वह पढ़ाई करने की इच्छा को पूर्ण नहीं कर पाई। कई बार लगता था कि महाविद्यालय का जीवन कितना अच्छा होगा, कितने दोस्त बनेंगे आदि।

बुढ़ापा आया तब उसने स्वयं यह ठान लिया कि वह अपने पर बुढ़ापे को हावी नहीं होने देगी और अपनी इच्छा पूर्ण करेगी। इस कारण महाविद्यालय में भर्ती हो गई। महाविद्यालय में जैसे-जैसे दिन बीतते गए महिला की लोकप्रियता बढ़ती गई। वह अपने जीवन के अनुभवों से युवाओं का दिल जीत लेती थी और देखते ही देखते उसके कई दोस्त बन गए।

कुछ ही समय में वह सभी छात्रों के बीच अपनी पहचान बनाने में कामयाब रही। वह कैंटीन जाती, अपने दोस्तों के साथ कई उत्सव मनाने भी जाती थी और सभी उसका खासा सम्मान भी करते थे। महाविद्यालय में एक वर्ष ऐसा बीत गया, जैसे पता ही न चला हो। डिप्लोमा पूर्ण हुआ और महिला भी अच्छे अंकों से पास हुई।

डिप्लोमा पूर्ण होने की खुशी में एक उत्सव का आयोजन किया गया जिसमें सभी को अपनी बात रखने का मौका दिया गया। बुजुर्ग महिला ने सबसे अंत में अपनी बात रखी।

महिला ने अपनी बात को कुछ इस तरह रखा – "मैं आपको अपने अनुभव के आधार पर ही कुछ बातें कह सकती हूं। जीवन में बड़े होने में और बूढ़े होने में बड़ा फर्क है। अगर आप लोग 19 वर्ष के हैं और अगले एक वर्ष तक कुछ नहीं करते हैं, तब आप 20 वर्ष के हो जाएंगे और मैं कुछ नही करूंगी तो 88 वर्ष की हो जाऊंगी। इस तरह कोई भी अपनी उम्र बढ़ा सकता है और इसमें किसी प्रतिभा या प्रयत्न करने की कोई जरूरत नहीं है।"

बात यह है कि आप बूढ़े नहीं, बड़े बने और बदलाव को स्वीकार कर मौके को ढूंढ़ें। अगर आपको युवा बने रहना है, तो इन बातों पर ध्यान दें –

1. बुढ़ापे में हमें किसी बात का दुःख रहता है, वह इस बात को लेकर नहीं कि हमने क्या अच्छा या बुरा किया, बल्कि इस बात का दुःख रहता है कि हम वो नहीं कर पाए जिसकी इच्छा थी। इस कारण करियर सबंधी या अन्य इच्छाओं व आकांक्षाओं का गला न घोटें, बल्कि इन्हीं के बल पर आप सफलता की सीढ़ी चढ़ सकते हैं ।

2. रोजाना खुशी ढूंढ़ें क्योंकि जिंदगी से हंसी गायब हुई यानी आप बुढ़ापे की तरफ बढ़ रहे हैं।

3. रोजाना नए सपने देखें और उन्हें पूर्ण करने के लिए प्रयत्न करें। जब आपने अपनी प्रगति के सपने देखना बंद कर दिए समझें कि आप बूढ़े होने लगे हैं। हमारे आस-पास ही रोजाना ऐसे युवा बूढ़े हैं जिन्हें सपने ही नहीं आते।

4. सीखने की कोई उम्र नहीं होती, बस अपने सपने को बनाए रखें।

उस महिला ने उत्सव में गीत गाए और नृत्य भी किया। लगभग दो सप्ताह बाद महिला की मृत्यु हो गई और उसे श्रद्धांजलि देने के लिए संपूर्ण महाविद्यालय उमड़ पड़ा।

■■■

64

तोड़ डालिए ये बेड़ियां

'तुम्हारा भाग्य तुम्हारे हाथ है, जो शक्ति और सहायता तुम (ईश्वर से) चाहते हो, वह सब तुम्हारे भीतर मौजूद है। अपना भाग्य स्वयं बनाओ।'

–आचार्य विनोबा भावे

सफलता और असफलता के बारे में सोचने के बजाय आप कोशिश करने पर ध्यान देंगे तो कोशिशों का सफर भी आसान होगा और परिणाम आएगा, वह भी संतुष्टि देने वाला ही होगा इसलिए कोशिश करने में किसी भी तरह की कोताही न बरतें।

सर्कस में हाथी को रस्सी से बांधकर रखते हैं। यह ऐसी रस्सी होती है जिसे हाथी आसानी से एक झटके में तोड़ सकता है। हाथी बलशाली होता है और जरा सी ताकत लगाने पर वह रस्सी के उस छोटे से टुकड़े को तोड़ सकता है, पर क्या कारण होता है कि हाथी एक छोटी–सी रस्सी को तोड़ नहीं पाता और बंधन मुक्त नहीं हो पाता?

दरअसल हाथी को बचपन से ही मोटी रस्सी से बांधकर रखा जाता है और उसे इस बात का अहसास करवाया जाता है कि मोटी रस्सी को वह तोड़ नहीं सकता। उम्र बढ़ने के बाद भी हाथी के दिमाग में यही बात स्थायी रूप से बैठ जाती है कि अगर पैर में रस्सी है, तब वह एक बंधन में है। जो टूट ही नहीं सकता। हाथी ताउम्र रस्सी को बंधन का पर्याय मान लेता है। ऐसा बंधन जो एक झटके से टूट सकता है। अगर असफलता की बात करें तब मनुष्य का स्वभाव रहता है कि वह असफलता को पैर में बंधी रस्सी की तरह मान लेता है। वह फिर से आगे सफलता प्राप्त करने के लिए डरता है। उसे असफलता से इतना डर लगने लगता है कि वह उसे बंधन मानने लगता है और प्रयत्न करने से भी डरने लगता है।

इस डर का मनोविज्ञान इतना खतरनाक होता है कि व्यक्ति साधारण कार्य करने से भी डरने लगता है और यह बात उसके आत्मविश्वास में कमी से लेकर व्यक्तित्व में कमियों तक पहुंच जाती है। हाथी कभी भी इस बंधन से मुक्त नहीं हो पाता, इस कारण हर दम रस्सी से बंधा रहता है, जबकि हम अपनी असफलता को भूलकर नई पहल करने में सक्षम हैं। इसके बावजूद कई युवा साथी अपनी असफलता को लंबे समय तक साथ लेकर चलते रहते हैं।

इस कारण वे कुछ नया नहीं सोच पाते, क्योंकि उन्हें हरदम यही बात सताती रहती है कि कहीं फिर असफल न हो जाएं। दरअसल असफलता को क्षणिक माना जाना चाहिए और इस बंधन से जितना जल्दी हो मुक्त हो जाना चाहिए। असफलता से छूटकर अगर आप प्रयत्न का दामन थामेंगे, तब निश्चित रूप से एक हवा के झोंके जैसा अहसास होगा और नई राह पर चलने के लिए नए प्रयत्न कर पाएंगे।

असफलता कोई अभिशाप तो नहीं, यह प्रयत्न करने का फल है और फल कड़वा भी हो सकता है। हर बार फल कड़वा ही होगा, यह मानकर क्या आप फल खाना ही छोड़ देंगे? प्रयत्न करें और परिश्रम के साथ प्रयत्न करें, तब आप देखेंगे कि सफलता को आपके पास आना ही पड़ेगा।

■■■

65

ढूंढ़ लें खुशियां

'चित्त के प्रसन्न रहने से सब दुःख नष्ट हो जाते हैं। जिसे प्रसन्नता प्राप्त हो जाती है, उसकी बुद्धि तुरंत स्थिर हो जाती है।'

—श्रीमद्भगवद्गीता

हंसती खिलखिलाती सूरत हर किसी को पसंद है। कहा भी गया है कि हंसने वाले के साथ सब हंसते हैं, लेकिन रोने वाले के साथ कोई नहीं होता। छोटी-छोटी मुश्किलों का फैलाकर बड़ा कर लेना भी कोई अक्लमंदी नहीं है। दुःख, तकलीफें हर एक की जिंदगी का हिस्सा होती हैं, कहीं कम तो कहीं ज्यादा, लेकिन इससे निजात नहीं है, तो फिर क्यों न इसी में से रास्ता निकालें? खुद मुस्कुराएं तथा औरों के लिए भी मुस्कुराने का सामान जुटाएं। आखिर जिंदगी तो मुस्कुराने के लिए है।

जीवन की प्रतिस्पर्धा और आपाधापी ने कहीं-न-कहीं इंसान को मशीन बना दिया है। जीवन में हर कदम पर तनाव है, इसका असर रिश्तों पर भी हुआ है, ऐसे माहौल में हंसमुख, मिलनसार और जिंदादिल लोग प्रेरणा जगाते हैं, वहीं कई ऐसे लोग भी होते हैं। जिनसे आप कभी भी हालचाल पूछ लें। हमेशा किसी-न-किसी परेशानी का रोना उनके पास होगा।

अपनी हंसी-खुशी को दूसरों का मोहताज मत बनाइए। खुद को खुश रखने का सबसे पहला जिम्मा आपका खुद का है। समय बहुत कीमती होता है, उसे यूं ही दूसरों के गलत कामों के बारे में सोचकर बर्बाद न करें। आपके चारों तरफ छोटी-छोटी कई खुशियां बिखरी हुई हैं, उन्हें बटोरना शुरू कर दीजिए।

खुद को व्यस्त रखने से फालतू बातें दिमाग में नहीं आएंगी। उपासना एक लड़की है। वह जब हंसती है तो लगता है दुनिया में गम है ही नहीं। चारों ओर

खुशियां-ही-खुशियां हैं। उसका कहना है कि जिंदगी बहुत छोटी है और खुशियां खासकर बड़ी-बड़ी खुशियां, जिनके इंतजार में व्यक्ति दिन-रात एक कर देता है, वे तो बहुत ही कम आती हैं। इस चक्कर में लोग छोटी-छोटी खुशियों को नजरअंदाज कर देते हैं।

उपासना जहां भी जाती है, सभी को अपना बना लेती हैं, सभी उससे बातें करना चाहते हैं। वह भी सबकी बात सुनती है और सब को यथोचित सलाह भी देती है। दु:ख तो उसकी जिंदगी में भी आए, लेकिन वह बहुत हिम्मती है। उसे फिर भी जिंदगी से बहुत प्यार है।

भावनात्मक रूप से कमजोर लोग थोड़े से दु:ख में भी तनाव में चले जाते हैं और फिर किसी भी चीज को संभाल नहीं पाते। रिश्तों में बिखराव, क्रोध और तनाव का वातावरण परिवार की खुशियां भी छीन लेता है।

इंसान की असली परीक्षा तो दु:खों में ही होती है। जिंदगी की छोटी-छोटी तकलीफों को बड़ा करके खुशियों को कम करने के बजाय बड़ी-बड़ी मुश्किलों में मुस्कराने की कोशिश की जानी चाहिए।

■■■

66

सीखें वाणी का विवेक

'जोर से और अकारण ऊंचा बोलने वाले झूठे ही होते हैं। सत्य धीमा बोलने पर भी सत्य ही रहता है।'

–ओशो

मनुष्य के व्यक्तित्व की पहचान उसके बातचीत करने के ढंग से होती है। भले ही कोई व्यक्ति कितना ही सुंदर हो, परंतु वाणी में कर्कशता या रूखापन हो तो वह कभी किसी को अपनी ओर आकर्षित नहीं कर सकता।

इसके विपरीत सामान्य दिखने वाला व्यक्ति यदि सौम्य है और उसकी वाणी में मिठास है, तो वह सहज ही सबको अपनी ओर आकर्षित कर लेगा। उचित-अनुचित का ज्ञान रखकर बोलने से आपका व्यक्तित्व प्रभावशाली बन सकता है इसलिए कुछ इस तरह तोल-मोल के बोलना सीखें –

1. अपनी आवाज पर ध्यान दें, बहुत ऊंचे स्वर में चिल्ला-चिल्लाकर न बोलें।
2. बोलते समय विषय का पर्याप्त ज्ञान हो, इसका ध्यान रखें।
3. बिना सोचे-समझे कभी न बोलें। बोलते समय अवसर व स्थान का विशेष ध्यान रखें। बाजार, अस्पताल आदि में धीरे बोलें।
4. दो लोगों के बीच कभी न बोलें। बिना मांगे अपनी सलाह ना दें।
5. दूसरों की बात ध्यान से सुनें, तभी बोले। साथ ही उनकी रुचि को ध्यान रखकर बोलें।
6. बोलते समय बेवजह हाथ न हिलाएं, न आंखें मटकाएं, न दूसरों को छुएं और ना हाथ मारें।

7. कुछ खाते हुए कभी न बोलें। बोलते समय थूक के छींटे दूसरों पर न उड़ाएं।
8. किसी दूर खड़े व्यक्ति से दूर से ही चिल्लाकर बात करने की कोशिश न करें। पास जाकर बोलें।
9. बच्चों के विद्यालय में उनकी अध्यापिकाओं आदि से शिष्टाचार से बोलें।
10. अपने उच्चाधिकारी का मान करते हुए अपने मातहतों को कम न समझें।
11. बच्चों के सामने उनके शिक्षकों व रिश्तेदारों के लिए अपशब्द न कहें।
12. अपने पद की गरिमा बनाए रखें एवं ऐसी स्थिति से बचें कि आपसे छोटा व्यक्ति आपको जवाब दे जाए।
13. सेवक या किसी भी बाहरी व्यक्ति से अपने घर की बातें न करें, उनके सामने बहस व गाली-गलौज न करें।
14. अपनी गलत बात को सही सिद्ध करने के लिए बहस न करें। न ही चिल्ला-चिल्लाकर उसे सही सिद्ध करने की कोशिश करें।
15. अपने से बड़ों के लिए अपशब्द उनकी पीठ पीछे भी न कहें।
16. किसी के मुंह से निकली बात का मजाक अन्य लोगों के सामने न उड़ाएं। भरी महफिल में किसी को शर्मिन्दा ना करें।
17. एक दूसरे की बात इधर-से-उधर न करें । एक कान से सुनें, दूसरे से निकाल दें।

इन छोटी-छोटी बातों को ध्यान में रखकर आप अपने व्यक्तित्व को आकर्षक बना सकते हैं।

■■■

67

यदि जीतना हो ज़माने को

'किसी भी हाल में अपनी भावनाओं को काबू में रखने वाला अधिक बलशाली होता है।'

–हज़रत मुहम्मद

जहां मुश्किलें होती हैं, वहीं रास्ते भी होते हैं। यदि आप में आगे बढ़ने व कुछ कर दिखाने का जुनून है, तो आप जीवन में सब कुछ हासिल कर सकते हैं। बस जरूरत है तो बुलंद हौसलों की जो मुसीबतों के पत्थरों को चीरकर सफलता की नदी के रूप में प्रस्फुटित हो जाएं।

हम जीवन में हर मोड़ पर, हर जगह संघर्ष करते हैं, पल-पल मरते-जीते हैं। पारिवारिक जिंदगी में जहां हमारा पाला रिश्तों की उलझनों से होता है, वहीं व्यावसायिक जिंदगी में हमारा सामना अपने कार्य से पैदा हुई उलझनों से होता है। दोनों ही स्थितियों में बेहतर बनकर सबको खुश रखना सर्वोपरि लक्ष्य होता है।

जिंदगी में अगर आपको जीतना है व सफलता को गले लगाना है, तो अपनी कमजोरी को दूर कर उसे अपनी ताकत बनाना होगा। यदि आपने अपनी बेहतरी सिद्ध कर दी तो कामयाबी और आपके बीच कोई फासला नहीं होगा।

हमेशा ऊपर की सोचें

कामयाबी का मूल मंत्र है, बहुत ज्यादा हासिल करने की सोच व उसको पाने के हिसाब से अपनी क्षमताएं विकसित करना? यदि आपके सपने छोटे होंगे तो आपकी उड़ानें भी छोटी होंगी, लेकिन यदि आपके सपने बड़े होंगे व आपमें कुछ कर दिखाने की क्षमता होगी, तो छोटी-मोटी चीजों को तो आप यूं ही हासिल कर लेंगे।

व्यर्थ की बहस में न पड़ें

कहते हैं 'थोथा चना बाजे घना' अर्थात जिसमें कम ज्ञान होता है, वो अपने ज्ञान की उतनी अधिक नुमाइश करता है। यदि आप ज्ञानी, कर्मठ व बुद्धिमानी है तो आपका कार्य खुद-ब-खुद आपकी पहचान बन जाएगा तथा आपको किसी ऊंचे मुकाम तक ले जाएगा।

छोटी-छोटी बातों पर बहस करके आप अपना और सामने वाले का दिन खराब करते हैं इसलिए इस प्रकार की बहस से जितना बचा जाए उतना ही अच्छा है। कम-से-कम बहस करते वक्त व्यक्ति का स्तर व ज्ञान देखकर ही बहस की जाए।

अलग पहचान बनाएं

सुनकर सीखने के बजाय सीखकर सुनना ज्यादा अच्छा होता है। अक्सर आप और हम यह सुनते हैं कि आपने अपने मालिक की हां में हां मिला दी तो वह भी खुश और आप भी खुश, लेकिन ऐसा करने से पहले इतना भी तो सोचिए कि आपको कंपनी में वेतन आपके दिमाग व काबिलियत के लिए दिया जाता है न कि मालिक या आपके मुखिया की चाटुकारिता करने के लिए इसलिए किसी भी बात में हां करने से पहले दस बार सोचें। उसके बाद सोच-समझकर हां या ना का निर्णय करें।

मुश्किलों से निखरती है प्रतिभा

जब तक मुश्किलें नहीं आएंगी, तब तक आपको अपनी कार्यक्षमता व गुणों का अहसास नहीं होगा। मुश्किलों में ही अपनी खूबियों का पता लगता है। यही अवरोध आपके भीतर छुपी प्रतिभा को निखारने में मददगार सिद्ध होते हैं इसलिए ऐसी स्थिति में अपनी क्षमता का परिचय दें व अपनी एक अलग पहचान बनाएं।

■■■

68

लक्ष्य निर्धारित करें

'लक्ष्य को ही जीवन ध्येय मानो और उसी के सहारे जीवित रहो। लक्ष्य के लिए योजना बनाओ और लक्ष्य को पाने का लगातार प्रयत्न करो। तब तुम्हें कौन रोक पायेगा।'

–स्वामी विवेकानंद

प्रसिद्ध विचारक एंथोनी रॉबिन्स का कथन है– 'अदृश्य चीजों को देखने लायक बनाने के लिए लक्ष्य निर्धारित करना पहला कदम है।'

लक्ष्य से हम केवल आगे बढ़ने के लिए प्रेरित ही नहीं होते, बल्कि वे जीवित रहने के लिए संजीवनी का भी काम करते हैं।

राबर्ट एच शुलर ने सच ही कहा है– 'अपनी समस्त संभावनाओं के साथ जीवन का सदुपयोग करने के लिए शक्तिशाली और प्रेरक लक्ष्य निर्धारित करने की कला सीखना अनिवार्य है।' अपने लक्ष्य को सफल बनाने के लिए जरूरी है कि आप सटीक योजना बनाएं, आपकी भीतरी इच्छा प्रबल हो और आप मेहनत करने से कभी नहीं हिचकिचाते हों।

योजना

योजना तैयार करना जरूरी है। अपने लक्ष्य की तरफ अग्रसर होने से पहले यह महत्त्वपूर्ण है कि आप अपने लक्ष्य को अच्छी तरह परिभाषित कर लें। योजना के बगैर दिशाहीन मुसाफिर की तरह कदम बढ़ाने से आप कभी अपनी मंजिल तक नहीं पहुंच पाएंगे।

क्या आप अपना वजन घटाना चाहते हैं? अगर हां, तो कितने किलो कम करना चाहते हैं? क्या आप अधिक कसरत करना चाहते हैं? कौन-सी कसरत

करना चाहते हैं? क्या आप सफलतापूर्वक किसी व्यापार का संचालन करना चाहते है? अपनी कल्पना को साकार करने के लिए आप-कौन सा कदम उठाने जा रहे हैं?

अपने लक्ष्य को लेकर स्पष्ट नजरिया विकसित करें। जब आपका नजरिया स्पष्ट होता है, तब आपका दिमाग अधिक कारगर तरीके से काम करने लगता है और तब आपका अवचेतन मन इस तथ्य से अवगत होता है कि सफल होने के लिए आप संकल्प बद्ध हो चुके हैं। स्पष्ट नजरिया तैयार करने पर आपको जिम्मेदारी का अहसास होने लगता है और आपकी आंतरिक प्रेरणा आपको आगे बढ़ने के लिए राह दिखाने लगती है।

योजना बनाते समय जमीनी हकीकत को ध्यान में रखें। अपनी क्षमता को कम करके आंकने की जरूरत नहीं है। जो लक्ष्य पा सकना आपके वश की बात हो, उसी को ध्यान में रखते हुए योजना तैयार करें। लक्ष्य तक पहुंचने की योजना बनाते समय अपनी क्षमता और संसाधन के बीच संतुलन कायम करने का प्रयास करें। सफल होने के लिए योजना बनाना पहला कदम होता है।

इच्छा

इच्छा एक सामान्य बोध का नाम है, मगर आपको यह जानकर आश्चर्य होगा कि किस तरह कुछ लोगों के मन में इच्छा नहीं होती। लक्ष्य तक पहुंचने के लिए आपकी भीतरी इच्छा का होना बहुत जरूरी है।

यह आवश्यक है कि लक्ष्य आपको अपनी तरफ आकर्षित करे और आप उसे पाने के लिए अपने अंदर बेताबी महसूस करें।

निर्धारित लक्ष्यों पर विचार करते समय अपने आपसे पूछें कि क्या वास्तव में आप उन्हें पाना चाहते हैं? हो सकता है कि किसी चीज़ को पाने की ललक आपके मन में हो, मगर उसके लिए जरूरी मेहनत करते हुए आप हिचकते हों, वैसी स्थिति में आपके लिए उस चीज को पाना मुमकिन नहीं होगा।

लक्ष्य को निर्धारित करते समय इस बात का ध्यान रखें कि इच्छा उसके लिए चाबी का काम करती है। अगर लक्ष्य को लेकर आपके मन में किसी तरह का उत्साह पैदा नहीं होता तो आपको लक्ष्य में परिवर्तन करने की जरूरत है। लक्ष्य का प्रेरक होना बहुत जरूरी है। कुछ देर बैठकर कल्पना करें कि आपने लक्ष्य को पूरा कर लिया है। आपको कैसा महसूस होता है? क्या आपका आत्मबल बढ़ गया है? साहस बढ़ गया है?

अगर कल्पना करते समय लक्ष्य को पूरा करना, आपको उत्साहित नहीं करता तो नए सिरे से अपने लक्ष्य को निर्धारित करें। लक्ष्य को पाने की ललक होगी तभी आप जरूरी कदम उठाएंगे और सफलता को हासिल कर सकेंगे।

परिश्रम

परिश्रम के बगैर योजना और इच्छा निरर्थक साबित हो सकती है। परिश्रम के जरिए ही आप निर्धारित लक्ष्य तक पहुंच सकते हैं।

जब परिश्रम करने की बारी आती है, तो अकर्मण्यता रुकावट बन जाती है।

आप कह सकते हैं- 'आज नहीं। आज मेरे पास पर्याप्त समय नहीं है।' मुझे अच्छा नहीं लग रहा है।' 'जब मुझे फुरसत मिलेगी तब देखूंगा।' बहानों की कभी कमी नहीं रहेगी। जरूरत है कि बहानों से बचते हुए मेहनत करने में जुट जाएं। जो कामयाब लोग होते हैं वे बहानेबाजी से दूर ही रहते हैं।

■■■

69

जैसी आपकी सोच, वैसे ही आप

'जैसी किसी की संगति होती है, वैसी उसकी सोच बन जाती है। जैसी किसी की आकांक्षाएं होती हैं, वैसा ही उसका व्यक्तित्व बन जाता है।'

–चाणक्य

हम जब भी किसी से मिलते है, खासतौर से पहली बार, तो उस व्यक्ति के बारे में हमें एक अनुभूति होती है। मनोवैज्ञानिक इसे 'वाइब्स' या तरंगे कहते हैं। ये तरंगे वाइब्स या अहसास अच्छा और बुरा दोनों तरह का हो सकता है।

क्या कभी आपने सोचा कि ऐसा क्यों होता है? जब आप पहली बार किसी से मिलते हैं' तो आप उसे तुरंत पसंद करने लगते है या फौरन ही उसे नापसंद कर देते है। क्या कभी आपने सोचा कि आप एक खास किस्म के लोगों को क्यों आकर्षित करते हैं, जबकि वास्तव में आप उनसे विपरीत लोगों का ध्यान आकर्षित करना चाहते हैं। खैर, उत्तर इसका आपके दिल की गहराइयों में छुपा है, लेकिन कम-से-कम एक बार कोशिश करके अधिक तर्कसंगत दृष्टिकोण अपनाएं।

अपने जीवन का नियंत्रण आप खुद क्यों नहीं ले लेते? तरीका आसान है। सबसे पहले अहसास के नियमों को समझें। सिर्फ एक बात जेहन में रखें कि जब भी आप इन तकनीकों को आजमाएं, कल्पना करें कि आपके विचार फैल रहे हैं। मसलन जब आपकी उंगलियां तबला बजाती हैं और ध्वनि चारों तरफ फैल जाती है। इस फैले हुए संगीत को हर कोई सुनता है। ऐसे ही आपके दिमाग से निकलने वाला हर विचार हर कोई सुने। दूसरों को छूने के लिए वह चारों तरफ फैलें।

ऐसा वास्तव में हो रहा है या नहीं, इसे भी जानने का एक तरीका है। एक पल के लिए उसके बारे में सोचें, गहराई में जाएं और प्रयोग करें। एक छोटा-सा

कंकड़ पानी में फेकें, एक कटोरे में भरा पानी भी काफी है लेकिन यह, सुनिश्चित कर लें कि कंकड़ फेंकने से पहले पानी शांत और स्थिर है। अब आप देखेंगे कि एक छोटा-सा कंकड़ एक के बाद एक कितनी गोल लहरें उत्पन्न करता है।

ये लहरें बाहर की तरफ जाती हैं, है न? ऐसे ही अहसास काम करता है। एक छोटा-सा विचार जब शांत मन में फेंका जाता है, तो उसकी लहरें बाहर की ओर निकलती है और उसे स्पर्श कर जाती है जो भी उसके दायरे में आता है। ये सभी लहरें हमारे जीवन को प्रभावित करती है।

ये लहरें किस तरह से प्रभावित करती हैं? यह इस बात पर निर्भर करता है कि विचार का स्रोत क्या है? क्या वह प्यार-भरा विचार था? क्या विचार शांतिपूर्ण था? हमारी अनगिनत भावनाएं हैं। हर बार एक अलग किस्म का विचार हमें आता है, लेकिन हमें यह समझना चाहिए कि जो हम बाहर भेज रहे हैं वही हमारी वास्तविकता है।

जब हम अंदर से शांत होते हैं, तो हम शांतिपूर्ण अहसास या लहरें बाहर भेजते हैं। जब हम गुस्से में होते हैं तो लहरें भी गुस्से से भरी होती है। इन्हें ही आपके आस-पास के लोग ग्रहण कर लेते हैं और उनकी प्रतिक्रिया वैसी ही होगी जैसी वे आपके अहसास के बारे में महसूस करते हैं?

सही किस्म के अहसास या तरंगें बाहर भेजने के लिए आपको पोषण विकसित करना होगा और अपने अंदर शांति भी कायम करनी होगी। मसलन, जब आप गुस्से में हों, बैठक न बुलाएं अपने सहकर्मियों को कुछ बात समझाने का प्रयास ना करें। उस समय गुस्से से भरी तरंगें उन तक पहुंचाना ठीक नहीं और अगर आप ऐसा करेंगे, तो दिन के आखिर तक सारा गुस्सा आप पर ही लौट रहा होगा।

सच यह है कि हम जो कुछ व्यक्त करते हैं वही हमारा जीवन है। प्रेम जरूरत है इसलिए अपने अंदरूनी हिस्से को प्रेम से भर लें। अपने अंदर शांति स्थापित करें। ध्यान रहे कि जो आप सोचते हैं वही आप बन जाते हैं।

■■■

70

जीत लें अकेलापन

'जो स्वार्थ के अतिरिक्त कुछ नहीं सोचता वह भरे-पूरे संसार में भी अकेला है। जो दूसरों के आंसू पोंछना जानता है, वह कभी अकेला नहीं पड़ता।'

–महाभारत

तमाम रिश्ते-नाते होते हुए भी कई बार मन को नितांत अकेलापन महसूस होने लगता है। इसके कारण कुछ भी हो सकते हैं। मसलन भागमभाग-भरी जिंदगी में औरों से मिलने के समय का अभाव होना, मानसिक स्तर पर एक जैसा न रहने से व्यक्ति-दर-व्यक्ति विचारों का अलग होना, आपसी व्यावहारिकता में कमी रहना आदि।

वैसे देखा जाए तो आज के समय को देखते हुए भलाई इसी में है कि जब तक अन्तर्मन में किसी से स्नेह और अपनापन न हो तब तक ज्यादा मतलब अथवा मेल-जोल न रखा जाए।

यूं तो किसी से दो पल बैठकर हंसना-बोलना दिल को अच्छा लगता है, ऊब व नीरसता दूर होती है, लेकिन जब किसी कारणवश अनायास ही सामने वाले से मनमुटाव हो जाता है, तो सिवाय तनाव-परेशानी के कुछ भी हासिल नहीं होता। बेवजह मन को दुःख-तकलीफ पहुंचती है इसलिए जितना जरूरी हो उतना ही परस्पर मेल-जोल व आना-जाना बरकरार रखा जाए ताकि बेवजह की चिकचिक से दूर रह दिल को शांति व चैन मिल सके। अब यह समस्या आ सकती है कि अकेले रहकर कैसे जिया जाए कैसे यह समय बीते?

थोड़ी-सी सूझबूझ व सकारात्मक सोच के साथ यदि इस बारे में विचार करें तो इसका समाधान अवश्य ही मिल जाएगा, बल्कि यह कहना सही होगा कि निरर्थक क्रियाकलापों में जो वक्त हम बर्बाद कर रहे थे, उससे बच सकेंगे व

पहाड़-सी बड़ी जिंदगी कुछ सार्थक कार्य करने से छोटी लगने लगेगी। एक-एक पल हसीन यादों के साथ गुजरता चला जाएगा। इसके लिए इन सूत्रों को आजमाया जा सकता है।

व्यवस्थित दिनचर्या

सुबह से शाम यूं ही न ही जाने दें। जो भी कार्य है उन्हें निश्चित समय में पूरा करें। अब जो समय बच रहा है, उसकी एक निश्चित रूपरेखा तैयार कर किस तरह उसका बेहतर उपयोग किया जा सकता है, विचार करें। जब सब कुछ अनुशासित होगा तभी कुछ करने का मन बनेगा, आंतरिक इच्छा जाग्रत होगी।

योग्यता पहचानें

सौ फीसदी सच है, जितना व्यक्ति अपने आपको जानता-पहचानता है उतना कोई और नहीं पहचान सकता। अतः अपनी कमियों व खूबियों दोनों को ही मद्देनजर रखते हुए, जो भी थोड़ी बहुत खूबियां हैं, उन्हीं के बलबूते किसी भी क्षेत्र में धैर्य व तल्लीनता के साथ सोच-समझकर कुछ भी अर्थपूर्ण व उपयोगी कार्य करने की पहल करें। समय कैसे निकलता जाएगा, पता भी नहीं चलेगा और सबसे अहम तो यह है कि जो संतुष्टि व खुशी मिलेगी, उसका और कोई विकल्प नहीं होगा।

क्रियाशील रहें

इसी सोच में सारा वक्त न निकाल दें कि अब इस भ्रम में आकर अकेले ही मैं यह कर रहा हूं, तो लोग क्या कहेंगे, क्या सोचेंगे? या फिर मेरा यह काम करना सही भी रहेगा या नहीं, समझ नहीं आ रहा क्या करूं, क्या न करूं? जबकि यथार्थ में सही यही है कि यदि आप जिंदगी अपने तरीके से स्वयं की इच्छा से बिताना चाहते हैं, तो कुछ भी इधर-उधर की न सोचकर, जो भी दिल-दिमाग से सही लगे वही करें।

आत्मसम्मान बनाए रखें

सकारात्मक रवैया अपनाते हुए जिन्दगी की महत्ता समझ इसका एक-एक क्षण भरपूर जिएं, सदैव यही याद रखें कि दुनिया में अकेले आए थे, अकेले ही जाना है, कोई साथ नहीं रहता, संग नहीं जाता। वास्तविकता तो यही है कि जो भी करना पाना है, हम आत्मनिर्भर होकर अकेले भी प्राप्त कर सकते हैं, यह तभी संभव है जब स्वयं के मन से खुद के प्रति पूर्ण विश्वास होगा व अपनी काबिलियत पर निष्ठा होगी। ■■■